丛书主编◎叶浩生

世界著名
心理学家
勒温

李　明◎著

北京师范大学出版集团
BEIJING NORMAL UNIVERSITY PUBLISHING GROUP
北京师范大学出版社

图书在版编目（CIP）数据

勒温／叶浩生主编，李明著.—北京：北京师范大学出版
社，2013.1（2014.2重印）
（世界著名心理学家）
ISBN 978-7-303-15315-2

Ⅰ.①勒… Ⅱ.①叶… ②李… Ⅲ.①勒温，K(1890~1947)
—心理学—研究 Ⅳ.①C912.6-49

中国版本图书馆CIP数据核字（2012）第207771号

营销中心电话 010-58802181 58805532
北师大出版社高等教育分社网 http://gaojiao.bnup.com
电子信箱 gaojiao@bnupg.com

出版发行：北京师范大学出版社 www.bnup.com
　　　　　北京新街口外大街19号
　　　　　邮政编码：100875
印　　刷：北京民族印务有限责任公司
经　　销：全国新华书店
开　　本：148 mm×210 mm
印　　张：7
字　　数：155千字
版　　次：2013年1月第1版
印　　次：2014年2月第2次印刷
定　　价：18.00元

策划编辑：周雪梅　　　　　责任编辑：周雪梅
美术编辑：毛　佳　　　　　装帧设计：毛　佳
责任校对：李　菡　　　　　责任印制：陈　涛

丛书总序

　　心理学的产生和发展是时代的需要，同时也离不开心理学史上一些重要人物的贡献，以及他们在心理学领域作出的杰出成就。2002 年，美国心理学杂志《Review of General Psychology》依据心理学者在心理学领域的贡献，评选出前 99 位心理学家。《世界著名心理学家》丛书就是从这 99 个人中选择出最有影响力的心理学家，讲述他们生活的时代背景、个人经历、理论思考，以及取得的成就。希望通过丛书的介绍，读者对心理学有进一步的认识，对心理学研究有更深入的思考。

　　心理学的发展是时代精神和心理学家结合的产物。每一位心理学家都是在总结前人思想的基础上，通过自己的努力和发现推动心理学的发展与进步的。具体来说，时代的进步为心理学提供了社会历史条件，而心理学家利用这些条件完成了心理学史上的重大变革。"心理学有很长的过去，但只有一个短暂的历史。" 19 世纪中叶以后，哲学已经为心理学积累了丰富的理论概念；生理学领域的成就为心理学提供了基础知识和研究方法；心理物理学的发现为心理学准备了科学的发展模式和方向。最终，冯特的心理学实验室的建立，才把心理学从哲学的娘胎里催生出来，使其成为一门独立的学科。因此，在肯定时代精神的同时，我们无法抹煞心理学家在心理学发展史上的重要作用。

　　心理学家的成长历程可以作为心理学后继者的参照，这些人为什么会从事心理学研究？他们是如何为之坚定不移、辛勤付出的？读者或许可以得到这样一些启示。

　　第一，心理学家对心理学孜孜不倦的追求是取得成功的必要条件。巴甫洛夫是一位"不承认自己是心理学家"的心理学家。他在从消化系统的生理研究转向神经系统的心理研究时，曾承受着来自四面八方的压力，但是这些都没能改变他的决心。经过长达30多年艰苦卓绝的研究探索，巴甫洛夫终于建立了完整的条件反射学说。这种锲而不舍的科学精神是值得心理学后继者学习和借鉴的。

　　第二，心理学家对信念的坚守是取得成功的保证。弗洛伊德的精神分析理论在他生前就遭人非议，而他死后仍难逃诟病。即使这样，也不能否定精神分析理论从一个独特的视角诠释了人类心理和行为的功劳。如果没有弗洛伊德对"力比多"的坚定信念，就可能不会出现心理学的"第二势力"。心理学研究者首先是作为社会人而存在的，一个时代的文化思潮、价值观和科学哲学观都会影响到心理学研究者的热情和研究取向，甚至决定着心理学的研究内容和方法论原则的形成。所以，今天看来，心理学发展史上任何一个理论流派的存在都有其特定的价值。当然，这些心理学思潮的形成都离不开心理学家对心理学研究信念的坚守。

　　第三，心理学家对实证研究和理论思维的态度是心理学发展的重要因素。一门学科的进步，既需要科学的实验求证，也离不开严谨的理论思维。心理学也是这样，构造主义、行为主义、人本主义等心理学理论都是建立在一定的哲学基础之上的。从某种意义上说，心理学实验是为证实心理学理论而存在的。例如，格式塔心理学的似动和顿悟实验。但是，当前的心理学实验是在寻找和发现问题。研究者试图把心理学理论建立在大量的心理学实验结论之上，或者说把心理学实验作为发现心理学理论的唯一有效的途径。通过这种途径建立起来的心理学理论更像是无源之水，无本之木。当代心理学再没出现像詹姆斯、马斯洛、科勒这样的心理学大家，也没有出现如行为主义、精神分析、人本主义这样的心理学理论，这与当代心理学重视实验求证，偏废理论思维不无关系。丛书在介绍这些心理学家的章节中列出了"理论背景"板块，一方面帮助读者更好地理解和把握心理学理论内容，另一方面也是为了突出理论思考在心理学发展史上的地位。

丛书每本书介绍一位心理学家。编者制定了详细的编写原则和体例要求。丛书作者大多直接从事有关某一心理学流派、或某一位心理学家的理论研究工作。他们在准确把握这些思想理论的前提下，多方面收集材料，力争使内容生动活泼，可读性强。诚然，丛书编者和作者的观点难免会有偏颇、不当之处，还请读者指正。

叶浩生
2012 年 8 月 22 日于广州大学城小谷围岛

目　录

第一章 导论

一、尚未完成的任务

人的一生当中，不知要经历和处理多少大大小小、此起彼伏的事情。那些完成了的任务，犹如过眼烟云，不再占据我们的心灵；那些尚未完成的重要事情，却时时萦绕在我们心头，总有一种冲动，要去做个了断。

1982 年，在中日关系的蜜月期，两国电影艺术家联合拍摄了影片《一盘没有下完的棋》。故事中主人公身为围棋高手，历经了三十多年的人世沧桑，下过的棋局何止成千上万，为什么唯独这盘棋的记忆如此深刻呢？

一盘没有下完的棋

1924 年的一天，北洋军阀庞总长为庆祝 60 大寿，举行棋会，名家荟萃，盛况空前。日本名棋手松波应邀前来，中国"江南棋王"况易山，也应挚友古琴家关小舟之邀赴棋会。

性情耿直的况易山在与庞某对弈时，不愿下"奉承棋"，这使庞恼羞成怒，竟不准他和松波对弈。松波因求棋友心切，当晚找到关小舟家，与况易山对弈。不料，两人刚刚将开局，况易山就被庞派来的警察抓走了。松

1

波设法将况易山救出，但他归期已到，于是留下一盘没有下完的棋。

此后，况易山应松波邀请，将儿子阿明送往日本学棋。后来阿明在日本棋界取得"天圣位"，一举成名，并与松波爱女巴成婚。由于日本发动侵华战争，阿明拒绝加入日本国籍，在逃回中国途中被日军杀害。此后，他们两家都经历了种种巨大的变故和不幸遭遇，使况易山对松波产生了种种误解。

新中国成立后，日本围棋代表团访华，松波、阿明之女华林，专程寻访况易山。在经历了30年的人世沧桑后，他们终于能再次聚到一起。他们站在长城上比比划划，通过下"盲棋"的方式，继续着那盘没有下完的棋。

摘编自：http://datalib.ent.qq.com/movie/3416/

当然，电影作为艺术，自然会有虚构和夸张，但这种现象在生活中也随处可见：考试前对需要背诵的内容倒背如流，一直持续到考试前都不会忘记，可一旦考试结束，所有的东西都被抛到了九霄云外；正玩了半截的游戏，突然被领导叫去处理"正事儿"，虽然游戏的价值远比不上工作，事后你可能记不清那天做了什么工作，却还能记得那没有完成的游戏；你正看报纸上的连载故事，看到末尾时突然来一句"欲知后事如何，且听下回分解"，便会让你欲罢不能，惦着要买明天的报纸！

本书要介绍的心理学家库尔特·勒温（Kurt Lewin），同样观察到了这类现象，但作为一个心理学家，他并不是仅仅停留于现象的观察。

咖啡馆的启示

在柏林心理学研究所，勒温不但有魏特海默、柯勒、考夫卡，以及弗利兹梅德等杰出的同事和朋友，而且还有蔡加尼克、奥芙散金娜（Maria Rickers-Ovsiankina）、玛勒（Mahler）、丹波（Dembo）等出色的学生。当时的柏林心理学研究所，有着浓厚的学术交流气氛，同事之间，以及老师和学生之间，都有着及时而充分的交流。

就在柏林心理学研究所附近，有一个"瑞典咖啡馆"，勒温和他的同事及学生们，常常在那里聚会，轻松自由地谈论工作、学习和生活。

在传统的欧洲咖啡馆，往往是先食用后付账的，而一般的朋友聚会，也往往是各取所需，各付各的账。此外，你还可以在这咖啡馆里聊天聊上几个小时，也可以随时增加所需要的饮料或点心。最后，当大家准备离开咖啡馆，叫服务员来算账付费的时候，服务员通常不用查看任何记录，便可以分毫不差地报出每人所需要付的费用。

但是，有一次，勒温付账之后，与学生又在那里坐了30分钟左右，然后重新叫来那位服务员，问刚才所付的账是多少钱。这给那服务员出了一个难题，他很生气地说："我哪里还记得你们付了多少钱呢？反正你们付了你们该付的钱。"①

勒温对心理学的贡献，包括其著名拓扑心理学、向量

---

① 申荷永. 充满张力的生活空间——勒温的动力心理学. 武汉：湖北教育出版社，1999：32.

心理学以及心理场论的思想，都与这个咖啡馆里的启示及随后进行的实验研究有着某种联系。此后，勒温带领他的学生们做了许多研究，在心理学的诸多领域做出了卓越的贡献。

那么，从咖啡馆这件小事中，勒温到底发现了什么？一个再普通不过的心理现象，有什么魔力能让勒温为之着迷一生，并创立广为传播的勒温心理学呢？

俗话说，时势造英雄，但生活在同一时代的人，也并非人人都是英雄。机会只青睐有准备的头脑。在本书中，我们不仅要介绍勒温为何许人，他的家庭背景如何，他生活在什么样的时代，以及他头脑里储备了什么样的经历和知识，以至于在他不算长的一生当中，为我们留下了如此多的精神遗产；我们还将逐一了解，他有哪些特殊贡献，为何他的研究如此影响深远。

二、起点——温暖的家庭

勒温全名为库尔特·萨德克·勒温（Kurt Tsadek Lewin，又译卢因、莱汶、莱文等），1890年9月9日出生于普鲁士波森省的摩吉尔诺（Mogilno）乡村小镇，这个日期后来经常被他自己戏称为"九十的第九个九"。

在这个小镇，官方语言、法律、政府机构都是德国人的，甚至城镇的主要管理者，也是德国人，而大部分贵族和一般村民却都是波兰人。还有小一部分是犹太人，他们做些小生意过活。勒温一家就是犹太人。他们知道，虽然自己

图1　快乐的童年

在身份上是德国人，但既不属于德国日耳曼民族，也不属于波兰人。勒温也曾说过，犹太人在某些方面是不同于日耳曼人的，这些早年的种族与团体差异的特殊经历，促进了他后来对种族和文化差异问题的研究。

勒温的父亲叫利奥波德·勒温（Leopold Lewin），经营着一家杂货店，他们一家人也就住在杂货店的二楼。在他们居住的摩吉尔诺郊外，他们还拥有一个不大的农场，那是童年的勒温最喜欢的地方。

勒温的母亲莉莎是位典型的贤妻良母，她既要在丈夫的商店工作，又要负担家务，抚养四个孩子。尽管每天都十分忙碌，但她对生活充满着热情，对儿女既有上进的期望，又宽容耐心。

库尔特·勒温有着兄弟姐妹四人，他排行第二。他的弟弟弗利兹·勒温身材高大，喜欢运动，常常因为打球而回家很晚。但不管他多晚，母亲总会耐心等待，从不抱怨。这种耐心与宽容，深深地影响着勒温，但也使他养成了拖拉和慢悠悠的生活习惯。有趣的是，他的妻子格特露德透露，勒温后来就是用能否接受他的拖拉习惯，来衡量爱情或友情的深度。

三、两个时代——强烈的反差

两个时代，是指勒温所经历过的两个对比强烈、恍若隔世的时代。在和平时期，勒温度过了幸福的成长阶段，在战乱年代，战火的洗礼促进了他思想的发展。

1. 和平中的成长

一战前的欧洲，充满了祥和宁静的气氛，似乎处于世

图2　和平中的成长

界文明之巅。发达的科技产生了许多令人惊叹的发明，轮船能快速地跨越大洋，火车在大洲间飞驰，电话让人感觉天涯咫尺。饥荒、瘟疫等疾病似乎已被征服，甚至连相互间的侵略活动，也似乎在文明的控制之中了。

1864年签署的日内瓦公约，为先前战争中的被囚者和伤病员提供了治疗保障，而且也积极寻求了对医院的保护。1899年，俄国沙皇尼古拉思发起了海牙和平大会，并在荷兰成立了海牙国际法庭，对国际争端作出裁决，以便减少不必要的战争。

这时的德国生活是如此井然有序、平安稳定、充满希望。它的公共服务在当时最为有效，常为其他国家所羡慕。"德国造"在世界各国享有极高的声誉和市场。首相俾斯麦的政策首先为社会保障、失业救助和健康保护等奠定了基础，甚至让人感到，疾病、失业和衰老也变得不再可怕。生活在那时的德国，真是一种幸福。这些可能归因于德国拥有当时最多的受教育人口，人人都有读写能力，正所谓"教育是治疗社会邪恶的药方"。

勒温的父母对子女的教育也非常重视，因此库尔特·勒温在读小学时，便被送往波兹南（Poznan，当时波兰的一个省会城市）读书。1905年，勒温一家迁往柏林，这让我们不由得联想到中国的"孟母三迁"。正是这种对教育和学习的重视，为勒温以后的发展，奠立了坚实的基础。

勒温最初在柏林弗赖堡大学（Freiburg）读大学预科时，计划学医，但很快他放弃了这种想法。在慕尼黑大学（Munich）上了一学期生物学后，勒温于1910年回到柏林，转到柏林大学攻读心理学博士学位，成为斯顿夫（C. Stumpf）的及门弟子，与格式塔心理学派的三位创始人 M. 魏特海默、K. 考夫卡和 W. 柯勒成为同窗。

柏林不但是德国的首都，而且是当时德国乃至全世界学术交流的中心。在柏林大学求学期间，除学习心理学外，他也学习数学和物理学，完成了许多关于联想和动机的重要研究，并开始酝酿他的场论思想。正是在那里，勒温开始接触古希腊哲学。在漫长的 9 个学期中，他接触并积累了大量的哲学、心理学、数学、物理学、生物学前沿知识。像其他学生一样，他也期待着 1914 年 9 月 10 日这个博士毕业的美好日子。在勒温一生的前 24 个春秋，生活中都充满了这种朝气蓬勃、昂扬向上精神，也充满了对未来的美好希冀。

2. 战乱中的发展

1914 年 8 月 1 日，就在勒温博士毕业前夕，德国卷入了第一次世界大战。勒温和其他德国青年一样，应征入伍。就在几个月前，他们还怀抱吉他，尽情歌唱自己美好的初恋，热烈讨论生活的意义，而现在却作为志愿兵手握钢枪，怀着一腔热血，带着新鲜感和冒险精神奔赴前线。

1915 年屠杀开始了，机枪、战壕、杀戮、被杀，让所有事物、所有言语都改变了意义。勒温在其《战场景象》中，描述了在一个人从安全的后防到了前线的过程中，他周围的事物的意义是如何发生变化的，这些观察和思考促使他"场论"思想的逐步形成。

战争是残酷的，随着阵地的转移，人们关注的焦点越来越集中在毁灭他人或被他人毁灭上。敌人的概念逐渐形成，它是一个抽象的、非人化的概念，代表着邪恶，是要毁灭的对象。然而它实际上也正是每个人自己本身邪恶与破坏性的投射。对敌人造成最大破坏的，正是要被团体或国家奖励的。敌人被炸弹轰炸、毒气毒死、逐出家园，暴力取代了个人责任、个人信念和行为善恶成为必要手段，战时的个人不过是团体的一员，仅仅根据他属于哪个国家、宗教、意识形态团体或社会阶层，就决定了他的好坏，就决定了他是要被保护，还是要被毁灭。护照、出生证明和语言成了生死符。在战争中，所有人都被限制了自由和权利，国家决定了对一个团体的爱与恨。

勒温在德国陆军服役 4 年，官至陆军中尉，曾因受伤而获颁铁十字勋章。但他当时已经发现，自己身处的是一个动荡不安的魏玛共和国。在柏林的不同地方，存在着不同的政治派别，它们都有着对自己忠诚程度不一的军队。经过无数的政治争斗，民主派赢得了胜利。民主派主张尊重个人权利、承认政治多元和少数民族代表权。但德国的民主派代表的是战败者，他们反对未被击溃的军队，从而加剧了德国的失败。此时的德国政治存在着许多不同的声音。

德国因而更加动荡不安，纳粹和各种暴乱争夺权力，政治运动不断翻新，各种学说都试图证明自己能够解决经济和政治问题，独裁政权和大众运动都声称自己拥有绝对的真理。人们质疑个体、崇尚集体，把领导作为智慧的化身；独裁政权压制异己、无视个人自由。

勒温复员后，就回到柏林，于 1916 年获得博士学位。1917 年，他和教师玛利亚（Maria Landsberg）结婚，生了两个孩子，这场婚姻维持了 10 年。在 1917 年受伤疗养期间，他发表了"战争形式"一文，文中首次提出场论的初步概念。

1921 年，勒温成为柏林大学心理学研究所的研究人员，1922 年任讲师，1926 年晋升为教授。两次世界大战期间的柏林，是一个各方面都异常活跃的地方。柏林大学汇集了许多大教授，复杂的社会现象推动了新的学术观点不断涌现，勒温在其中受益匪浅。

1929 年勒温赴美国，参加第 9 届国际心理学大会，一举成名；1932 年，开始任斯坦福大学客座教授，工作了半年。第二年，希特勒上台，为了摆脱纳粹希特勒的迫害，勒温再次离开德国，决定永久定居美国。勒温先在康奈尔大学任教两年（1933～1935），后任爱荷华大学儿童福利研究所儿童心理学教授（1935～1944），并在这里培养了一大批学生，他们后来都成为著名的社会心理学家。

第二次世界大战前后，他虽然已经身为美国公民，但由于希特勒的反犹运动，他不得不花大量时间与精力，去营救仍在德国的家人、朋友和同事。很多次营救他都成功了，但他却最终没能挽救自己的母亲，1944 年他的母亲不幸死于纳粹集中营。1947 年 2 月 12 日，他刚满 57 岁，却因心脏病突发，在美国马萨诸塞州的牛顿维尔（Newton-ville）去世，后运回家乡摩尔吉诺安葬。

四、三个阶段——学术的发展

三个阶段，是指勒温学术生涯的三个时期。

1. 柏林时期的个体心理学（1921～1932）

在勒温学术生涯的开始时期，主要是在格式塔心理学基础上，整合了动力学、拓扑学、向量学、场论等多学科的成果，从个体心理的高级层面，提出了自己的理论与方法体系。

图3　柏林大学

注：近两百年的历史中，柏林大学拥有二十九位诺贝尔奖得主，造就出无数的学术人才，著名人物福禄培尔、俾斯麦、费尔巴哈、马克思、恩格斯、狄尔泰、韦伯、勒温、海涅和布伯等人都是该校的毕业生。

1916年，勒温获得博士学位，1921年他成为柏林大学心理学研究所的研究人员，1922年任讲师，1926年晋升为教授。

就在柏林心理研究所内，他和柯勒、考夫卡、魏特海默一起工作。这是一个活跃、多产的团体，三个同事一直致力于发展格式塔心理学。勒温也开始把格式塔心理学扩展到日常生活问题上，他根据大量有关成人与儿童的实验，提出了他的动机理论。同时他着重研究和分析了学习和知觉的认识过程、个体动机和情绪的变动等问题。

在柏林期间，勒温写了三十多篇文章，许多都发表在德国的哲学和心理学杂志上，勒温因此开始在德国、甚至国际上崭露头角。

2. 爱荷华大学时期的小团体研究（1935—1944）

这一时期，他的研究视角扩大到了人际关系层面，并开始探索团体动力学问题。

1935 年勒温应聘于爱荷华大学儿童福利研究站，指导了一系列关于儿童实验社会心理学的研究。勒温把理论兴趣和研究重点放在奖励、惩罚、冲突和社会影响等人际过程中，进行了关于领导、社会气氛、群体标准和价值观念等群体现象的研究。

在这一时期勒温的重要成就之一，是关于民主与专制领导条件下的儿童群体的研究。此外，他整理了前一时期的研究成果，出版了《人格的动力理论》（*A Dynamic Theory of Personality*，1935）、《拓扑心理学原理》（*Principles of Topological Psychology*，1936）、《心理力的概念表征与测量》（*the Conceptual Representation and Measurement of Psychological Forces*，1938）等著作。

3. 麻省理工学院时期的团体动力学（1944～1947）

这一时期，他的研究视角进一步扩大到社会层面，着重解决实际存在的社会问题。

1944 年，他在麻省理工学院支持下，组建了团体动力学研究中心（the Research Center for Group Dynamics），并出任主任，兼加利福尼亚大学伯克莱分校和哈佛大学客座教授。他分析了技术、经济、法律和政治对策群体的社会约束，研究了工业组织中的冲突与群体之间的偏见和敌对行为等方面的问题。

这一时期，他出版了《犹太教育的心理学问题》（*Psy-*

图 4　在哈佛大学任教的勒温

chological Problems in Jewish Education，1946)、《团体动力学前沿》(*Frontiers in Group Dynamics*，1946)、《解决社会冲突》(*Resolving Social Conflicts*，1947)，去世后又出版了《解决社会冲突——团体动力学论文选》(*Resolving Social Conflicts*，*selected papers on group dynamics*，1948)。

五、动力人生——转折与升华

　　曾经的勒温拥有着温暖的家庭、父母的厚爱、良好的教育，然而随之而来的却是剧烈变化的生活环境。他在德国管辖的西普鲁士小镇出生，辗转在波兹南、弗赖堡大学、慕尼黑大学、柏林大学读书，又迁往美国先后供职于康奈尔大学、爱荷华大学、马萨诸塞州理工学院。他不曾想到，随着战争的到来，自己会成为千百万被迫逃难者洪流中的一员，远渡重洋去寻找安全之地。他虽然最终得以在美国安身立命，但家乡小镇的犹太人社区早已荡然无存，大多数亲属和友人也都已在战争中死亡。

　　他的人生是充满转折的一生。他的生活轨迹跨越了两个世纪、两个时代、两个大洲，不断地从一处迁往另一处，也不断地改变着自己的身份。从一个犹太少年，到一个心理学博生，参军入伍后，又成为一名德军军官，荣获了铁十字勋章，退役后成了一个受尊敬的伤兵，战后成为一个实习大学教师，最终在柏林大学成为一位享受特别津贴的教授。他在德国期间发表了大约40篇论文，但没有一篇谈及自己生活的转折。他的内心世界是怎样的？他是如何看待自己的？

自从被迫离开自己熟悉的家园，作为一个移民和难民，踏上了完全陌生的美国那时起，他开始了又一次重大的转折。

他是怎么看待自己的身份：一个犹太人、德国人还是美国人、移民还是难民？他内心的感受如何？关于这些他从未表露过，但在美国的学术生涯里，他非常多产，又发表了60篇论文和著作。研究话题涉及各种社会问题、拓扑心理学、儿童的挫折和攻击、场论、攻击、实验方法、领导风格、团体动力、科学哲学以及德国的再教育。其中有8篇关注的是少数民族问题、种族身份问题和美国少数民族的适应问题，比如：少数群体的心理—社会问题（1935）、美德两国的社会心理差异（1936）、犹太儿童养育（1940）、犹太人的自我—憎恨（1941）、行动研究与少数民族问题（1946）、少数民族问题研究（1946）、犹太

图5　摩尔吉诺勒温故居墙上的头像

人的教育与现实（1944）和犹太人教育中的心理学问题（1949）。这些努力是他对自己的身世根源以及在一个全新国家的身份的思考吗？是一种浓浓的情感宣泄，抑或是一种升华吗？按照勒温最亲近的人的说法，勒温总是沉浸于当时当刻情境中的问题，如一项研究、一个合同项目或一篇学生的论文。而从没有谈到过他的过去、他的祖籍或身份。他的一个学生曾说，他的那些关于少数民族的研究，只不过是在履行从美国各种犹太人组织中得到的合同。那么，正如瑟纽斯（Cernius）和所有勒温的追随者所关注的那样，我们不禁好奇地猜想，当他一大早醒来，安静独处时，他内心深处会想些什么呢？①

但毕竟他是一个一生充满转折的人。从贫穷的小镇摩尔吉诺，到金碧辉煌的麻省理工学院，从一个世纪到另一个世纪，从一个普通年轻人到一个探索心理奥秘的伟大人物。如果说时空的转折不仅能给予人们丰富的经验，也能给有心之人以前进的动力，那么我们似乎能从某种程度上理解，勒温的人生转折与升华，以及勒温为我们留下的这些精神遗产了。

---

① C V J. The man in Transition：Kurt Lewin and his Times. In：Eugene Stivers and Susan Wheelan（editors）. The Lewin Legacy：Field Theory in Current Practice. Springer-verlag Berlin Heidelberg，1986：21.

第二章 整合的使命

一、心理学的分分合合

正如艾宾浩斯（Ebbinghaus. Hermann，1850—1909）所说：心理学虽有一个漫长的过去，但只有一个短暂的历史。漫长的过去，可以看作是在人类历史长河中，哲学、医学等领域都有关于人的心理的零散论述，然而这些论述不仅不成体系，也没有科学方法的支持；短暂的历史，可以理解为自冯特以来，心理学方成为一门独立的学科，力图建立一种科学的体系。

冯特（Wilhelm Wundt，1832—1920）将先前分散的心理学研究领域，如感觉、知觉、反应时、联想和心理物理学等等，做了创造性的综合，并把原来哲学、伦理学及生理学中的心理学思想和零散知识，进行了创造性的综合和统一，从而形成了现代实验心理学的新体系，这是心理学的第一次整合尝试。

图6 心理学创始人冯特

但好景不长，研究者很快发现了冯特心理学体系的局限性。冯特对心理学研究所做的规定和限定，实际上也是心理学继续发展的阻力和障碍。很快，这种传统心理学便

15

成为众矢之的，新一代心理学家开始从不同角度对此展开了批判。弗洛伊德（Sigmund Freud，1856—1939）首先以独特的研究对象——"潜意识"创造了精神分析学说，形成了一种反传统势力。1910 年，魏特海默（M. Wertheimer，1888—1943）以考夫卡（Kurt Koffka，1886—1941）和柯勒（Wolfgang Kohler，1887—1957）为被试，从"似动现象"中发现了整体的意义，发表了研究报告《运动知觉的实验研究》，创立了格式塔心理学学派，直接与传统心理学的原子主义相对立。1913 年，华生（John Waston，1878—1958）发表了论文《行为主义者心目中的心理学》，树起了行为主义心理学大旗，要彻底与传统心理学的研究方法和内容相决裂。

不仅如此，新生的心理学流派之间也相互攻击。格式塔心理学就对当时流行的构造主义元素学说和行为主义"刺激－反应"公式抱以强烈不满，明确表示：整体不等于部分之和，意识不等于感觉元素的集合，行为不等于反射弧的循环。格式塔心理学把构造主义的元素说讥称为"砖块和灰泥心理学"。

格式塔心理学对构造主义元素说的讥讽

走进心理学实验室，一个构造主义心理学家问你：

"你在桌子上看见了什么？"

"一本书。"

"当然是一本书，可是，你'真正'看见了什么？"

"你什么意思？我不是已经说了，我看见一本书，一本包着红色封套的书。"

"对，它是一本书，但我只要你把能看到的东西严格地向我描述出来。"

"这本书的封面看来好像是一个暗红色的平行四边形。"

"对了，对了，还有别的吗？"

"在它下面有一条灰白色的边，再下面是一条暗红色的细线，细线下面是桌子，周围是一些闪烁着淡褐色的杂色条纹。"

"谢谢你，你帮助我再一次证明了我的知觉原理。你看见的是颜色而不是物体，你之所以认为它是一本书，是因为它不是别的什么东西，而仅仅是感觉元素的复合物。"

格式塔心理学家忍不住出来说话了："任何一个蠢人都知道，'书'是最初立即直接得到的不容置疑的知觉事实！至于那种把知觉还原为感觉，不是别的什么东西，只是一种智力游戏。任何人在应该看见书的地方，却看到一些暗红色的斑点，那么这个人就是一个病人。"

图7 你看到了什么

摘编自：http://baike.baidu.com/view/73571.htm

心理学刚刚诞生不久，就经历了一次由合而分的痛苦挣扎。这个时期被高觉敷先生称为"心理学的无政府时代①"。勒温的心理学思想，也就是在这种混乱中逐渐成形的。

————————————

① 高觉敷．现代心理学．上海：商务印书馆，1935：1

针对传统实验心理学研究对象的褊狭，勒温冲破感知觉研究的局限，大胆涉足了意志、需求和人格领域。此前弗洛伊德虽然一开始就研究动力心理学，但限于其主观性的研究方法和难以证实的研究对象，他的结论一直未能获得主流心理学界的普遍认可；行为主义虽然也是用实验方法来证实，但这似乎要抛弃人的心理。勒温的创造之处就在于，他利用格式塔心理学的整合性，巧妙地融合了上述分裂的各个流派的优点，以实验来研究行为及其背后的意志、需求和人格等动力心理学的问题。

对于勒温的创造，申荷永做了精辟的总结："勒温将实验心理学从感知觉研究的水平，推进到了动机研究的水平；从对心理和行为的分类与描律性研究，推进到了分析与解释性的研究；从脱离实际的单纯实验研究，推进到了面向生活的现实研究。因此，勒温为实验心理学注入了新的生机，为心理学的发展开拓了更为广阔的领域①。"

当然，勒温心理学并非空穴来风、毫无根基，除了对心理学分裂局面的思考，还有更多重要的思想来源。

二、整合的哲学基础：一元论哲学

美国著名理论和哲学心理学家沃尔曼，称勒温为"近代心理学家中最具有哲学倾向的人"。这种哲学倾向形成于1907年勒温开始学习希腊哲学和哲学史时，反映在勒温对心理学方法论的阐述中，也反映在他后来的心理学研究和理论建构中。勒温的这种哲学倾向主要来自斯宾诺莎的影

---

① 申荷永．充满张力的生活空间——勒温的动力心理学．武汉：湖北教育出版社，1999：23

响，斯宾诺莎（Spinoza，1632—1677）是西方哲学史上一位杰出的犹太哲学家，备受马克思和爱因斯坦的推崇，也曾被罗素（Bertrand Russell，1872—1970）称为在"伟大哲学家当中人格最高尚、性情最温厚可亲的人①"，黑格尔也说："我们后代人都是透过斯宾诺莎所磨的镜片来看世界的。"

图8　斯宾诺莎

　　斯宾诺莎创立了对现代思想具有深远影响的一元论哲学，他认为宇宙间只有一种实体，即作为整体的宇宙本身，上帝和宇宙就是一回事。这种带有泛神论特征的唯物主义世界观，具有丰富的辩证法因素。他用尽毕生精力寻求"人的心灵与整个自然相一致的知识"，把物质与精神看做是同一过程的两个方面，并归之于一个统一的实体。

　　勒温对斯宾诺莎哲学观的继承在于他们的动力观。斯宾诺莎对动力概念曾有深刻描述，他认为：动力是一种"人类共有的常德"，其背后有各种自谋生存的力量，它左右着人的观念和行为。这种观点常被人们看做是叔本华的"生存意志"、尼采的"权力意志"和弗洛伊德的"力比多冲动"的动力原型。不仅如此，斯宾诺莎还将动力、认知和环境结合起来考察人的行为，他认为一切不正当的行为，皆起因于知识上的错误，适当认识个人环境的人，其行为就英明得当。这可以被认为是勒温的心理场论及其动力心

---

① ［英］罗素．西方哲学史（下卷）．上海：商务印书馆，1926：92

理学的哲学源泉。

斯宾诺莎的哲学被称为是一种实践的哲学①，他不仅相信自己的学说，同时也实践他的学说。这种理论与实践的紧密结合，也表现在勒温的"行动研究"中，成为勒温心理学的主要风格。而且斯宾诺莎喜欢采用几何学来论证其观点，勒温也同样采用了拓扑学和场论的概念和观念，以直观的形式来传达他对心理现象的理解。

尽管他们不是同一时代的人，但他们的思想、行动却能够跨越时空的阻隔，如他们的思想本身一样，最终属于同一个潜在的整体，这种默契本身也体现着他们共同的逻辑基点——整体观。

三、整合的科学基础：科学哲学

对于卡西尔的影响，美国当代著名社会心理学家梅莉姆·勒温，勒温的女儿，曾有过十分肯定的评价，"不了解卡西尔，就很难理解勒温。"

德国哲学家、思想家卡西尔（Enst Cassirer，1874—1945），是文化哲学创始人。他虽然不是心理学家，但他的科学哲学思想却对勒温的心理学思想产生了直接而深远的影响。勒温作为一名研究生时选修了卡西尔的哲学课程，从此他一直都对卡西尔有着"深切敬意"。为纪念卡西尔，勒温曾专门撰写了《卡西尔的科学哲学与社会科学》一文，在这篇文章中，他说："在我的整个心理学生涯中，我无时不受惠于卡西尔的认知论和科学观"。

---

① ［法］吉尔·德勒兹（Gilles Deleuze）著，冯炳昆译. 斯宾诺莎的实践哲学. 上海：商务印书馆，2004

卡西尔主张哲学主要不是研究认识对象，而是认识的方式，他还强调要扩大康德批判方法的应用范围，以便容纳更丰富、更广阔的人生经验。他的哲学思想是一种人类文化哲学，是从探讨人和人类文化本质入手来展开其全部思想体系的。他认为人是符号的动物，文化是符号的形式，人类活动本质上是一种"符号"或"象征"活动，在

图9 卡西尔

此过程中，人建立起人之为人的"主体性"（符号功能），并构成一个文化世界。语言、神话、宗教、艺术、科学和历史都是符号活动的组成和生成，彼此表示人类种种经验，趋向一个共同的目标——塑造"文化人"。

卡西尔最早把开普勒、伽利略和牛顿等一些科学家的名字引入哲学史，并对他们的科学概念、方法和成就，进行了深入的哲学分析和研究。卡西尔认为，自然科学发展的根本特征之一，即在于所用概念的变化。科学的进步已经用"关系概念"取代了"实体概念"，已经从抽象分类法，过渡到了"发生建构法"。勒温从卡西尔的这种分析中，引发出了他的心理学建构论：主张从事物的相互关系中，来研究事物的本质，以动力性的概念作事实的推论。勒温相信卡西尔的论断，即整体结构的本质，是由部分之间的关系决定的，而不是由部分或元素本身所决定的。他的代表著作《实体与功能以及爱因斯坦的相对论》一书中，不但探索了数学和物理学的新近发展，而且揭示了这些发展与历史的联系，因而被认为是一种相对的认知论。

不管是在认识论方面，还是在方法论层面，卡西尔哲学思想对勒温的影响都是深远的。勒温根据卡西尔的相对认知论，对心理学中的思维方式做了"亚里士多德式与伽利略式"的区分，并深入分析了二者间的冲突，他呼吁心理学，应该有一种向伽利略模式转变的趋势，这种"伽利略模式"，实际上指出了爱因斯坦相对论在心理学中的意义。《当代心理学中亚里士多德思维方式与伽利略思维方式的冲突》一文，充分体现了卡西尔科学哲学和认知论对勒温的影响，也奠定了勒温心理学方法论的基础。勒温自己认为，卡西尔哲学在心理学中的最大意义，在于他对自然科学方法论和概念形成的分析。勒温在《卡西尔的科学哲学与社会科学》一文中说："在卡西尔研究科学的基本方法中，我越来越感到一种力量和创造性。"勒温认为，自己特别受惠于卡西尔哲学的两个方面：其一是卡西尔科学研究的比较法，这种比较法可使人看到不同科学之间的相同性，以及同一种科学之中的不同问题。通过科学比较法，勒温借用了物理学中的场论和数学中的拓扑学，进行了心理场

图 10　弗洛伊德

论和拓扑心理学的理论建构。其二是卡西尔的科学发展观。卡西尔认为，科学发展的基本特征就是不断进步。为了超越既定知识的局限，研究者就必须打破方法论上的种种限制和忌讳，以开放态度对待所有新课题，而不以"非科学"来拒绝任何研究的可能性。在行为主义者眼里，类似于意志、需求、领导方式和团体气

氛这类概念，都是不存在的，且都是科学研究的忌讳。有了卡西尔哲学思想的武装，勒温打破了科学的禁忌，对上述现象进行了卓越的研究，最终成就了自己的心理学体系。

四、整合的动力：动力学

弗洛伊德（Sigmund Freud，1856—1939）创始了精神分析学说，以其精神层次、人格结构、性本能、释梦和心理防御机制等理论，对临床心理学，甚至整个心理科学乃至西方人文科学的各个领域均有深远的影响。它的影响可与达尔文的进化论相提并论，但与达尔文不同的是，弗洛伊德的理论从未赢得过科学界的普遍认可，而且对他的理论的评论趋向于褒贬两个极端，既备受追捧而又惨遭诋毁，既被推崇为伟大的科学家、学派领袖，又被斥责为搞假科学的骗子。那么，作为崇尚实验的心理学家，勒温对弗洛伊德的理论又持有怎样的态度呢？

波林在其《实验心理学史》[①] 中，将勒温与弗洛伊德，同放在"动力心理学"这一章中论述，由此我们可以看到勒温与弗洛伊德之间的关联。勒温虽然并不直接提起弗洛伊德的心理动力思想，但实际上，他们之间曾有过一些鲜为人知的会面与交谈。1917 年，弗洛伊德发表了有关联想的研究，认为联想的力量不单与联想次数有关，还有赖于联想的动机。这时勒温正在准备创立一种动机的格式塔心理学，而当时存在的唯一彻底的动机心理学就是弗洛伊德的理论体系。勒温对动机的研究，实际上就是对弗洛伊德

---

① ［美］E.G. 波林著，高觉敷译. 实验心理学史. 上海：商务印书馆，1982：834.

的动机学说进行科学的改造。

　　勒温对弗洛伊德动机学说的科学改造是富有成效的，这表现在勒温及其学生所进行的一系列实验研究中。在1924年至1933年间，勒温曾指导他的学生围绕心理张力系统（psychological tension system）和生活空间（life space）概念进行了一系列的实验，较为著名的如蔡加尼克和奥芙散金娜关于心理张力与记忆和重做趋势的实验、丹波和霍普等关于欲求水准的实验、巴克（R. Barker）关于挫折与倒退的实验和玛勒（V. Makler）关于代替满足的实验等。这些实验不但为勒温的心理张力系统学说提供了大量的证据，而且检验了弗洛伊德精神分析理论的一些观点，为整个实验心理学和动力心理学的研究开辟了新的途径。莫雷认为[①]，勒温的研究和理论可说是整个动力心理

图 11　爱因斯坦

学中的一次革命。他不但推动了动力心理学中的实验研究，把"动机心理学从清规戒律中解放了出来"，而且以心理张力系统引起了动力心理学研究从实体概念到关系概念的转变，把新的科学观运用到了心理学的动力研究之中，促进了弗洛伊德精神分析心理学与当时代表心理学主流的实验心理学的结合，对整个心理学的发展都起到了积极的推动作用。

　　对于勒温与弗洛伊德的关系，托尔曼曾在勒温去世后

---

　　① 莫雷. 20世纪心理学名家名著. 广州：广东高等教育出版社，2002.

评价说:"弗洛伊德为一临床医生,勒温为一实验家,正是他们二人常被人所怀念,因为他们的洞察力,相辅相成,初次使心理学成为可以同时适用于真实的个人和真实的社会的一门科学"。这段话被记录在波林的《实验心理学史》中,此外,波林还加上了自己的意见:"托尔曼以勒温与弗洛伊德相比,是否正确,历史自有公论。凡与勒温有深交者,都无不极端信仰他的天才"①。

五、整合的形式:场论

场是物理学中表示物质存在的基本形式的一个概念,如电场、磁场、引力场等。近代自然科学不断追求场的统一,从电场与磁场的电磁统一,到广义相对论中质量与能量的统一,再到弱力与电磁场的弱电统一,无一不体现了一种时代精神——把世界看作是一个相互联系的整体,并追求其最根本的规律。爱因斯坦以狭义相对论解释电磁力,以广义相对论解释引力,虽然在最后仍没有真正解决统一场的问题,但他毫无疑问是这种时代精神的最杰出代表。

通过卡西尔的引导,勒温吸收了爱因斯坦(Albert Einstein,1879－1955)的科学思想。实际上,勒温与格式塔心理学的奠基者魏特海默和柯勒等人,都与爱因斯坦和普朗克等新物理学的代表有着友好的交往。他们都有着整体论和相互作用的思想,因而魏特海默和柯勒也都在其心理学的研究和理论中,吸取与发展了场论的思想。同样,这也极大影响了勒温心理场论的建立,如直接引用爱因斯

---

① [美]E.G.波林著,高觉敷译.实验心理学史.上海:商务印书馆,1982:835.

坦对场论的定义，为其心理学场论进行解释。

1959 年，美国著名心理学史家查普林和克拉威克，出版了《心理学的体系和理论》。在对当时心理学发展的展望中，他们认为"未来心理学家的任务，是最终发现一种能整合一切观点于一体的统一的原理①"。尽管这样一种整合是相当困难的，但是毕竟也存在着希望，同时它也是心理学发展的一种需要。叶浩生在论述心理学的分裂与整合时，提出"心理学的整合需要心理学家在改造科学观和方法论上下工夫，进行一场'范式'的革命……培养一种整体感和整合的意识……需要心理学家的思维方式实现从还原思维向整合思维的转变。②"勒温的心理场论，从某种意义上说，已经为这种整合提供了一个基础。

六、整合的心理学基础：格式塔心理学

1. 格式塔心理学的形成

格式塔心理学，是西方现代心理学的主要流派之一，其创始人为魏特海默、考夫卡和柯勒，他们都是柏林心理学研究所的主要成员。实际上，格式塔理论的先行者，如斯顿夫和舒曼，及格式塔理论发展者，如弗利兹海德，包括勒温，也都是该心理学研究所的成员。因此在很大程度上，勒温仍然是一个格式塔心理学家，格式塔心理学也是勒温心理学思想的最重要来源。事实上，勒温不仅继承，

---

① ［美］查普林（J. P. Chaplin），克拉威克（T. S. Krawiec）著，林方译. 心理学的体系和理论. 北京：商务印书馆，1984：364.

② 叶浩生：论心理学的分裂与整合. 陕西师范大学学报（哲学社会科学版），2002，31（6）：105～112.

而且发展了格式塔心理学。

"格式塔"（德文为 Gestalt）指的是事物整体上的形式和特征，因此该流派又称完形心理学。它强调经验和行为的整体性，这种思想早在马赫的《感觉的分析》（1885）中就有论述。比如以线条的不同排列，构成了方形、菱形等不同的形状，实际上就是在关注元素如

图 12　格式塔心理学的闭合率

注：我们总是倾向于把该图看成一个闭合的五角星，你是否发现了自己的完形倾向？

何构成整体，这已经是格式塔心理学的先声。厄棱费尔发展了这种思想，他认为"正方形"这一形式，并不依附于线条元素之内，而是形成了一种新的元素，他称之为"形质"。他用形质表示时空的形式，在德文中，"形质"就是一种"格式塔的性质"。魏特海默沿着这个思路，将这些格式塔哲学思想发展为心理学研究，取得了更大的突破。

格式塔心理学开创传奇

魏特海默开创格式塔心理学的过程，颇有几分传奇色彩。

1910 年夏天，魏特海默从维也纳出发，乘火车前往莱茵兰度假。他望着窗外，田野上的景物在眼前不断飞驰而过。突然，一个解决视觉运动的思路闪入脑海。火车刚到法兰克福，他就急切地下了车，到商店里买了一个玩具动景器，一到旅馆里，他就开始设计图形，进行似动现象的研究。随后，在法兰克福任教的舒曼，为魏特海默提供了实验室，柯勒和考夫卡也先后赶到了法兰

27

克福，做了魏特海默的被试和助手。同样的乘坐火车的顿悟，成就了爱因斯坦的伟大发现，也使魏特海默、柯勒和考夫卡三人走到一起，开始了真正的格式塔心理学研究。

图 13　魏特海默

1912 年，魏特海默发表了《关于运动知觉的实验研究》，正式提出了格式塔学说：每一个整体都具有其自身的独特意义，整体的性质决定着部分的特征，而部分的性质则有赖于它在整体中的关系、位置和作用。

摘编自：申荷永. 充满张力的生活空间——勒温的动力心理学. 武汉：湖北教育出版社，1999：26

1920 年，柯勒在其论述"物理格式塔"的著作中，开始借用物理学中的实验和场理论来说明心理学问题。1938年，柯勒发表了名著《价值在事实世界中的地位》，对心理学场论思想作了较为充分的发挥，试图以场论发现心理与物理现象的更为本质的联系。

考夫卡则更为直接，他认为心理学的任务，就是要研究行为与心理物理场的因果关系。心理物理场含有自我和环境，它们又各有结构。而任何一种人的行为，都必然深受其行为环境的影响和制约。为了说明这种"行为环境"对心理和行为的影响，他讲了一个经典的故事。

考夫卡的经典故事

一个冬天晚上，在暴风雪中有一人骑马来到了一个旅店，暗自庆幸经过几个小时的奔驰，骑过冰天雪地的平原，居然能够找到暂时安身的地方。

图14 斯顿夫

旅店主人开门迎接，惊问客从何方来。

客遥指他所由来的方向。旅店主人用惊奇的语调说：

"你不知道你已骑过康士坦斯湖吗？"

客听他一问，就惊毙在他的脚下了。①

同一个康士坦斯大湖，当客人骑马经过时，认为只是一片冰天雪地的平原，还庆幸找到了安身之处；经过店主指明，竟被自己心目中的另一番"行为环境"所"惊毙"。可见，人的行为完全受制于他在认知上所接受的行为环境。当然，考夫卡的"行为环境"并非完全等同于后来勒温的"心理空间"，我们将在以后章节给予解释。

2. 格式塔心理学对勒温的影响

1910年，勒温来柏林心理学研究所做博士论文，开始接受斯顿夫（Carl Stumpf，1848－1936）的指导，并与魏特海默、考夫卡和柯勒等人共事。斯顿夫是当时柏林心理学研究所的主任，也是他们的老师，当时他已经开始讲授

---

① 高觉敷. 西方近代心理学史. 北京：人民教育出版社，1982：327.

意识的整合本质和综合分析的意义。柯勒和考夫卡等人，也开始讨论形质的问题，格式塔的理论已现雏形。

斯顿夫受布伦塔诺意动心理学的影响，曾把直接经验分为4类：现象、意动、关系和结构，这四类经验，在后来的格式塔理论中都得到了阐述和发展，在勒温的心理学中也得到了反映。

斯顿夫还接受了布伦塔诺的现象学思想，并将它传给了自己的学生胡塞尔，胡塞尔以其代表作《逻辑研究》，将这一传统思想发展为现象学哲学。现象学重视心理学研究现象的经验，主张在观察现象的经验时要保持现象的本来面目，不能将它分析为感觉元素，并认为现象的经验是整体的或完形的（格式塔）。另外，斯顿夫非常强调实验方法，而且是基于日常生活观察的实验。因此，斯顿夫已经为格式塔的"实验的现象学"奠立了方法论基础，也为勒温早期研究提供了主要方法。

1929年的第9届国际心理学大会上，主题发言人只请了两位心理学家，一个是巴甫洛夫；另一个就是勒温。他的发言是题为"关于一个格式塔问题"的研究报告，格式塔心理学的观点吸引了与会者的普遍关注，而库尔特·勒温也成为大会的焦点人物。因此，勒温不仅在当时是格式塔心理学的代言人，也是后来格式塔心理学的主要继承者和发展者。

勒温对格式塔心理学的继承与发展

1. 勒温继承并发展了格式塔理论的整体原则和场论思想，体现在他的生活空间概念和动力心理学研究中，更体现在他创立的心理场论体系中；勒温把研究对象从格式塔理论知觉推广到了意志、情感和人格等更为广泛的领域。

2. 勒温批评并扬弃了格式塔理论中的生理学部分。魏特海默和考夫卡、柯勒都很注重对心理生物学的研究，如在魏特海默的《关于视觉运动的实验研究》，柯勒的《物理格式塔性》和考夫卡的《格式塔原理》中，生理学均占有十分显著的地位；而勒温从一开始便注重"纯心理的研究"，注重社会心理学的研究。

3. 勒温继承了格式塔心理学的人本主义精神。格式塔理论强调整体的意义，从而也就强调了人的主观世界和人的主体性，也就是魏特海默、考夫卡和柯勒所一再强调的"意义和价值"。整体的意识和整体的人，是勒温所持格式塔理论的一个基本前提。①

1937 年，勒温曾经在美国《心理学纵览》上，撰文纪念自己的老师斯顿夫，充分肯定了斯顿夫对自己心理学发展的影响。对于格式塔心理学对自己心理学思想的影响，勒温毫不掩饰："我用不着强调我对魏特海默、考夫卡和柯勒等人的谢忱，格式塔理论的基本观念，是我进行意志、情感和人格研究的基础②。"

---

① 申荷永. 充满张力的生活空间——勒温的动力心理学. 武汉：湖北教育出版社，1999：30.

② Lewin K. A dynamic theory of personality. New York：Mcgraw-Hill Book company Inc，1935

第三章　两大主题

1917年，勒温发表了两篇重要的论文《意志过程受阻时的心理活动与联想的根本法则》和《战场景象》。前一篇论文中勒温通过其对于意志的研究而提出了心理张力系统的概念，而在后一篇论文中，勒温则通过其对战争的体验和思考，提出了"生活空间"的意义。这两篇文章奠定了勒温心理学的动力和整合的基调，可以看做是勒温心理学体系的萌芽。

心理张力系统概念为勒温心理学提供了动力基础，心理空间概念则为心理动力提供了活动的舞台。在此基础上，勒温带领他的学生们，展开了一系列的实验，来验证他的这些设想。这些概念的提出及对它们的实验验证，都为勒温心理学之后的发展奠定了基础。

一、心理的动力——心理张力系统

1. 联想动力说的困境

从早期的联想主义心理学，到桑代克的联结心理学、巴甫洛夫的条件反射，以及华生行为主义的刺激—反应学说，都认为联想对行为具有推动和主导作用，而且刺激出现的次数越多，这种联结的强度越大，动力性越明显。他们以此为基础，来解释所有心理活动和行为。

图 15 动力与联想

　　注：在勒温看来，传统心理学中的联想，只是心理活动的机件，而不是心理活动的动力。联想就好像是火车车厢之间的挂钩一样，它的作用只是传递火车头所供给的动力，而需求，则是联想的火车头，才是行为的动力。

　　勒温以一个极其简单的生活现象，批评了联想学说的荒谬：一个人写好了一封信，要去邮寄。走在路上，当他看到第一个邮筒时，就将信投放了进去。而当这个人再见到第二个信箱的时候，按照联想的动力观念，或刺激强化说，这个人就会有一种更强烈的投信的冲动。但是这种推论明显与事实相违。根据日常经验，寄信人见到第一个信箱，把信投进去之后，即使再看到第二个邮筒，也不会再引起投信的冲动，很可能他根本不再注意路边有没有邮筒。那么联想主义的问题到底出在哪里呢？

　　不管是早期的联想主义，还是后来联结心理学、条件反射或行为主义的刺激—反应学说，都旨在找出心理现象背后最根本的规律，但他们的探索方法都不外乎是分解再分解，把心理现象还原为最基本的元素，结果是只见树木不见森林，找到的只是局部的、零散的规律，并无法解释人的高级心理现象，如人格、意志、动机和价值观等，丧失了人的整体意义，更无法解释人的群体心理现象和社会心理现象。

格式塔心理学，尤其是勒温开创的动力心理学，一反传统的还原主义思想，从最常见的日常生活现象出发，力图探求整体现象背后的动力因素。勒温在其博士论文研究的基础上，总结了自己对联想所进行的大量的实验研究，对传统的联想学说，提出了质疑和批评，写成了《意志过程受阻时的心理活动与联想的根本法则》一文。他认为，仅用联想并不能解释心理事件发生的根本原因，"由习惯（联想）所产生的联结，决不会成为心理事件发生的动力"，他说"某些心理的能量，亦即产生于意志或需求压力的心理张力系统，才是心理事件发生的必需条件[1]"。

根据心理张力系统的动力假说，勒温解释道：由"要投信"的心理需求，会引起一种张力系统，但这种张力系统会因"投信"的完成而结束。换句话说，由需求所引起的心理张力系统，是人的行为和心理活动的根本动力。勒温从意志研究中，发展起了他的心理张力系统假说，这就成为了勒温动力心理学发展的重要基石。

本书开篇呈现了一些含有未完成的任务的故事，正是这种日常经验，触发了勒温的灵感，促使他展开了对"心理张力系统"设想的讨论和验证。

2. 心理张力系统与蔡加尼克效应

正如咖啡馆里的服务员要记住尚未付账的清单那样，

---

[1] Lewin K. A dynamic theory of personality. New York：Mcgraw-Hill Book company Inc，1935.

未完成的任务对人的行为存在着强烈的影响。出于心理学家的敏感，勒温和他的学生们，当时就在咖啡馆展开了热烈的讨论。

按照勒温的设想，"心理张力系统"的工作机制如下：

要完成的工作使人产生心理张力；

如果工作完成，张力就会消除；

如果工作因受阻而没有完成，心理张力会继续存在，并影响到被试的行为和心理活动。

图 16 等着你的钱呢

为了进一步验证勒温的设想，勒温的女博士生蔡加尼克（Zeigarnik）自告奋勇，设计了一系列实验，来证明心理张力系统的存在。

蔡加尼克从 1924 年开始，首次进行了一项以检验心理张力系统概念为目的的实验。在随后的两年中，她共对 164 名被试进行了实验。

以其中一个实验为例，该实验的大致程序是：要求被试做 18～20 项简单题目，如完成拼图、从 55 倒数到 17、演算数学题、把一些颜色和形状不同的珠子按一定的模式用线穿起来等。在实验过程中，蔡加尼克让被试者只顺利完成其中的一些工作，剩余的另一些工作被中途停止，转而继续去做别的工作。然后，在实验结束后，蔡加尼克让被试者回忆所做过的工作的名称。

结果发现，绝大多数被试者首先回忆起的是那些被中止而未完成的工作名称，平均占 68％，而对已完成的工作

35

的回忆量平均为 43%。对于那些被中止而未完成的工作，被试者不仅回忆得快，而且也回忆得又多又准确。实验结果完全证实了"心理张力系统"的理论设想。

蔡加尼克对该实验的解释是："当被试接受一项工作时，内心便产生一种完成这项工作的准需求，完成工作便意味着解除心理张力，或使准需求得到满足；如果未完成工作，紧张状态继续存在，准需求有待实现。中途受阻未完成工作的被试，之所以在回忆工作时占优势，一定与这些继续存在的准需求有关……所以，回忆

图 17　蔡加尼克

便可作为鉴定张力系统存在的一种指标[①]。"这就是心理学史上著名的"蔡加尼克效应"（Zeigarnik effect），简言之就是，未完成的任务会让人产生完成它的动机和欲望，从而使人对其念念不忘。

蔡加尼克将她的实验报告发表在德国《心理学研究》上，并以此获得了博士学位。

3. 蔡加尼克效应的应用

正如我们在开篇所说的那样，蔡加尼克效应在生活中随处可见，人们总是有意无意地在利用着这种心理规律。但心理学研究的目的并不是总结出一套理论供人们欣赏，而是用来指导实践。如果能有益地利用好蔡加尼克效应，它将会给人们的学习、生活和工作带来事半功倍的效果。

---

① 申荷永. 充满张力的生活空间——勒温的动力心理学. 武汉：湖北教育出版社，1999：34.

"未完成"的教学课：教学留白的技巧

根据维果茨基的"最近发展区"理论，教师应该努力寻找学生现实水平与可能水平之间的差距，即"最近发展区"，并调动学生的积极性，使其发挥潜能，超越目前的发展水平。在最近发展区为学生留下空白，相当于为学生设置了一个"心理张力系统"，也就为学生的发展注入了前进的动力。至于如何合理"留白"，这就对教师提出了更高的要求，具体运用时要把握以下几点：

（一）时机恰当

蔡加尼克的研究并没有告诉我们，何时中断任务更有效。"留白"的质量不在于时间的长短，而在于时机的把握。如果能进行课堂设计，在课堂上引发学生的讨论，并在下课前达到高潮时中断争论，就能把已经产生的张力引向课后，既充分利用了课堂教学时间，也抓住了教学留白的有效时机。

（二）巧取方向

有效的教学留白，是在教师有针对性的指导下进行的，否则教师和学生之间难以形成良性互动，容易造成学生的盲目学习。

首先，教师自身要及时补充并更新知识储备，深化自身对知识点的理解，融会课堂学习与生活实践，如此才能发现更多教学留白的切入点。其次，使用提出问题或者表示质疑的语气往往很有效，这对学生来说是一种"未完成"的路标。同时，教师有意识放慢语速，甚至暂时的停顿，能给予学生酝酿和反馈的过程，为知识点的消化、吸收或者进一步的启发作铺垫。

（三）形式多样

通常的形式有课后思考题、小组讨论、师生对话、探究学习、研究性学习等。运用多种方法与思路进行教学留白，就要求教师在教学设计中发挥更多的合理创意。

无论心理学的"蔡加尼克效应"，还是艺术家的"留白"，都证明了人类意识中存在一种

图18　欲知后事如何

"完形倾向"，这种倾向实际上就形成了行为的动力。学生的这种倾向一直都存在，那么，你该如何利用呢？

蔡加尼克手术——广告投放的隔断与融合

通常的广告，都是一个由头到尾完整播放的广告，它本身有一个封闭的结构。电视观众在心理上是要求广告完整播放完的，即要求心理任务得到实现。如果用蔡加尼克效应进行手术，广告就被割成了碎片，原来完整的结构被消解。广告播放时，电视观众产生了心理张力，广告播放一部分突然中止时，心理张力开始加强。电视观众在下一部分广告播放之前，会在心理张力的驱使下，积极地回忆前一个时间所看到的广告。在这种情况下广告的效果，如同蔡加尼克的实验结果一样会得到大大的加强。

蔡加尼克效应在外国广告中早就得到应用，电视观众不但对碎片化的连续剧习以为常，而且对碎片化的广

告也是见怪不惊。在一个关于饼干的广告中，观众首先可能会看到广告中饼干被放进了牛奶，接着饼干广告被中断，插进了两三个毫不相干的广告，大概30秒钟后，饼干广告接着播放。电视观众可以看见饼干还没有被浸湿。

对广告实行蔡加尼克手术，其最大优点是可以在不改变广告投放长度的情况下，使得广告效果得到凭空的增长，同时可以避免5秒广告的同义反复，形成广告费的浪费。在广告投放过程中进行蔡加尼克手术的最大阻碍，是得取得足够多的广告合作伙伴。最初的发展是个别广告使用蔡加尼克手术，之后是两个以上广告同步手术，两个广告的碎片交织着播放。

蔡加尼克手术广告的前提是广告必须先有完整的播放，好让观众对广告先有一个充分的认识。否则广告的效果不但得不到加强，还会减弱。

摘编自：http://www.1630.net/ggpd/llsk/200609/768.html

4. 心理动力研究的发展

勒温的另一个学生奥芙散金娜，进行了名为"受阻活动的重作趋势"的实验。她也采用阻止实验，命令儿童做某一工作，中途予以阻止，然后叫他做另一工作，完成以后，儿童是否还想试做前一项工作呢？与蔡加尼克的"阻止技术"不同的是，她采用

图19 奥芙散金娜

两种阻止方法：①中途阻止；②中途改做另外的类似工作。

结果表明，被试在这两种情况下，都产生重做受阻工作的趋势。但在前一种情况下，有100％的重做趋势；在后一种情况下，有82％的重作趋势。这似乎表明，让被试改做其他的工作，可产生一种"代替满足"的作用。

勒温认为，同蔡加尼克一样，奥芙散金娜的实验，也证实了一种目的或一种意向，可以形成一种准需求，产生具有动力意义的张力系统。而且，这一重作趋势实验表明，只要需求未得到满足，一种与目标相连的力便存在，并继续引导着朝向目标的活动①。

"蔡加尼克效应"是勒温心理学理论的第一个实验证据，为以后用实验方法研究人格和心理环境的结构与动力奠定了基础，因为"蔡加尼克效应"本身已经蕴含了心理学的场论，即强调人与环境的关系，强调行为发生的整体情境。勒温指导其学生丹波所做的"情绪动力问题"实验，正是突出了心理场论的思想。

丹波的实验研究表明：需求的强度，将对生活空间的结构发生影响，行为中的冲突情境，主要是由于心理场中各种力的相互作用。同时，丹波的实验还证明了，只有在理解个人与其整个环境的关系的基础上，才能更好地来理解情感过程。

丹波在实验报告中，首次使用了"欲求水准"的概念，用来表示一个人"对目标所期望的程度"。随后，勒温还指导其学生霍普，针对"欲求水准"现象进行了深入性的实

---

① Marrow A. The practical theorist: the life and work of Kurt Lewin. New York: BDR Learning Products Inc, 1984: 246.

验。实验研究发现，一个人对成功与失败的体验不仅仅是依赖于某种"客观"标准，更多的是依赖于个人内在的欲求目标。任何远离这一欲求水准的活动（目标太高或太低），都不能导致成功或失败的体验。

霍普指出，成功的体验倾向于提高未来活动的欲求水准，而失败的体验则会降低欲求水

图20 阿尔夫雷德·马洛

准。对此阿尔夫雷德·马洛（Alfred Josephon Marrow, 1905—1978）评论道，勒温及其学生对欲求水准的研究，是勒温理论在社会心理学中所具意义的最初显示。利昂·费斯廷格（Leon Festinger, 1919—1989）的社会比较说等，基本上都起源于和欲求水准有关的研究和概念。

在1924年至1933年间，勒温还曾指导他的其他学生，围绕心理张力系统的概念和理论，进行了大量实验研究，较为著名的还有玛勒"替代满足"实验、比伦鲍姆（B. Birenbaum）的"意向遗忘问题"实验、巴克（R. Barker）等人的"挫折与倒退"实验以及卡斯腾等（A. Karsten）的"心理餍足"实验等。这些实验，不但验证了心理张力系统的存在，也为整个实验心理学和动力心理学的研究，开辟了新的途径。

总之，勒温所用的"张力（tension）"一词，与"注意（attention）"和"意向（intention）"都有关系。这一概念暗含了个体与目标之间的关系，说明心理动力的来源并非存在于个体本身，而是存在于关系之中。不管目标是主观

的，还是客观的，都必须在个体感知以后，对个体发生实际影响时，才存在这种张力。这一概念已经超越了弗洛伊德和麦独孤的动力理论。弗洛伊德认为，动力来自于个体内在的"力比多"，而麦独孤认为动力来自于"本能"，他们都把心理动力看作是一种实体，带有很大的机械性。而勒温认为，心理动力来自于人与环境之间的相互作用。从动力来源的实体论到关系论，本质上已经是一种世界观的转变，即从旧物理观到新物理观的转变，可以说，勒温引导了一场动力心理学的革命。

解决了动力的来源，勒温就需要用一种恰当的方式表达他对心理动力关系的理解。按照勒温的理解，心理张力总是发生于具体的人与情境之间，也就是说，发生于一定的动力场内，也即勒温的"生活空间"。勒温是如何描述和分析他这种新概念的呢？

二、心理的结构——生活空间

勒温的生活空间，包括了行为的所有影响因素，它以空间形式表示心理内容的结构和关系。勒温本人经历过生活空间的急剧变化，因而对其重要性有着深刻的体悟。当然，仅有这种经历是不够的，勒温的成功在于他同时为他的思想和经历储备了描述和分析手段——拓扑学和向量学。

1. 勒温对生活空间的体悟——战争场景

1914 年，勒温作为一个德国公民应征入伍，亲身经历了第一次世界大战。他的博士论文研究也因此一度中断，但战争体验，也为勒温心理学思想的发展，提供了另一种特殊的动力和素材。

图 21　战争场景

　　战争并非浪漫的幻想，那些惨不忍睹的事实，那种血与火的场景，足以改变一个人对生命、生活的看法。勒温本人曾在战争中受伤，而他的弟弟弗利兹，则被战争夺去了生命。

　　勒温复员后，重返柏林心理学研究所，与魏特海默、考夫卡和柯勒一起，继续他的心理学研究。1917 年，勒温发表了一篇题名为《战场景象》的论文。在这篇论文中，他分析了人的心理承受力和人的行为的动机，描述了一个人从后方安全处所来到前方生死关头的过程中，环境及其意义的完全改观。文中他首次提出了"生活空间"这一概念，为他以后的拓扑心理学学说打下了基础，并阐述了情境或人与环境的交互作用决定人的心理事件和行为意义的观点，这就是他的场论的雏形。这种体验和对这种体验的思考，深深地影响了他以后的社会心理学研究和他的团体动力学。

　　《战场景象》开宗明义："本文涉及一种关于情境的现

象学"。在文章中他运用格式塔心理学分析，并首次尝试运用后来被称为拓扑心理学和向量心理学的概念和思想。文中描述了一个人从安全的后方到危险的前沿阵地，经历了怎样的环境改变、环境的意义有何变化；阐述了人与环境的交互作用，及其对人的特定心理事件和行为的影响。这里面，就包含着他"生活空间"的概念，心理场论的思想也初现端倪。

2. 生活空间的数学描述与分析——拓扑心理学

勒温在其《拓扑心理学原理》序言中说："我隐约感到，数学中新兴的分支拓扑学，也许有助于把心理学发展为一门真正的科学。因此我就开始研究并使用拓扑学的概念，不久就觉得，这些概念非常适合于处理心理学问题①。"

什么是拓扑学

拓扑学是英文 Topology 的音译，它只研究空间关系，如部分和整体、包容与被包容等，而不考虑尺寸大小。比如哥尼斯堡七桥问题中，河的两岸和河中间的两个小岛曾被欧拉简化为四个点，不考虑它的大小、形状，仅考虑点和线的个数。

哥尼斯堡七桥问题

哥尼斯堡（今俄罗斯加里宁格勒）是东普鲁士的首都，普莱格尔河横贯其中。

十八世纪在这条河上建有七座桥，将河中间的两个

---

① Lewin K. The principles of topological psychology. New York：Mcgraw-Hill Book company Inc，1936.

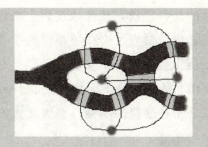

图22 哥尼斯堡七桥问题

岛和河岸联结起来。人们闲暇时经常在这上边散步，一天有人提出：能不能每座桥都只走一遍，最后又回到原来的位置。

这个看起来很简单却又很有趣的问题吸引了大家，很多人在尝试各种各样的走法，但谁也没有做到。看来要得到一个明确、理想的答案还不那么容易。

1736年，有人带着这个问题找到了当时的大数学家欧拉。欧拉经过一番思考，很快就用一种独特的方法给出了解答。

欧拉首先把这个问题简化，他把两座小岛和河的两岸分别看作四个点，而把七座桥看作这四个点之间的连线。那么这个问题就简化成，能不能用一笔就把这个图形画出来。

经过进一步的分析，欧拉得出结论——不可能每座桥都走一遍，最后回到原来的位置。并且给出了所有能够一笔画出来的图形所应具有的条件。这是拓扑学的"先声"。

此图片来自于：http：//cise. sdkd. net. cn/lssx/11IntrestArith/genisi. htm

拓扑图形的这种性质，就像橡皮膜上的图形，随着橡皮膜的拉动其长度、曲直、面积等都将发生变化，但也有一些图形的性质保持不变，如点变化后仍然是点、线变化后依旧是线、相交的图形绝不因橡皮的拉伸和弯曲而变得不相交，这就是拓扑变换的不变性。因此人们也称拓扑学为"橡皮膜上的几何学"。

在拓扑变换下，尽管圆和方形、三角形的形状、大小不同，但它们都是等价图形。

很多自然现象都具有区域性和连续性，所以可以阐明空间的集合结构。心理现象也有类似于自然现象的某些性质，勒温将拓扑学引入心理学，也是为了解决心理的空间关系特征，为此他提出了生活空间的概念。

拓扑心理学的基本概念

在特定时间和具体情境中，影响个人行为的所有因素构成了一个人的生活空间（life space），如图 23。其中包含许多"区域（region）"，每个区域都有一个"边界（boundary）"，从一个区域到另一个区域称为"移动（locomotion）"，移动时会受到的边界的"障碍（barriers）"，移动的轨迹称为"路线（path）"，联系两个区域的除了移动，还有"沟通"（communication）。

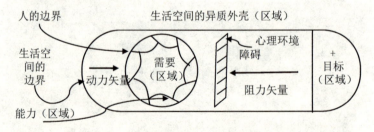

图 23　一个人的生活空间

生活空间

勒温把生活空间描述为"可能事件的总体"。勒温强调"可能"一词，是因为不可能的事件，对个体来说没有意义，另一方面也暗含着，如果个体面临情境发生变化，事件的可能性也会随之变化之意。人与人之间的任何差异，不管是贫富、智愚、强弱，还是健康不健康、有文化没文化，都会造成可能性的差异。勒温的动力心理学正是要根据可能与不可能行为的总体，来确定人的人格与状态，可能事件的总体构成了一个人的生活空间。

图24　拓扑等价

生活空间的概念也来自于生活经验，如我们可能体会到心旷神怡之感、形容某人心胸狭窄或宽宏大量、称赞某人思路开阔、天马行空，但空间毕竟是一个借用的概念，具有不同于物理空间的特征。在心理学中引入拓扑几何学，就可以通过平面几何图形，把生活空间的这些并存区域表示出来。

当然，勒温在用拓扑学图形进行描述和分析时，已经融入了向量学的内涵，比如对力度方向和大小、空间范围和区域的大小等的分析，都已经不是纯粹的拓扑学概念所能及的了。

区域

区域指的是生活空间中的各个部分。区域可大可小，小至个体的生理、心理结构，如决心、意向、愿望等，人本身也常作为一个区域，大至整个生活空间。各个区域又可以分化为更小的区域，区域的分化是个体心理发展的一个重要表现。与分化相反，分化后的区域也存在整合，整合并不是回到混沌状态，同样也是心理发展的一个重要表现。

各区域的关系，如相互联系或分离、相互交织的方式，都可以通过实验来证明。这些关系非常重要，它决定着整体的动力特征。

边界

边界就是"一经跨越便离开区域的点①"，可以用线条的粗细来表示。比如一个人翻过围墙，或一对恋人举行婚礼成为夫妻。有些时候，边界并不是很清晰，而是一个逐渐过渡的边界地带（boundary zone），或者干脆就是另外的一个区域。比如从城市到乡村，并非总有一个明显的标志。边界的明确性对于个体或社会的内部结构和行为有重要影响，不同文化中边界的明确性可能会有差异。

拥抱和个人边界的文化差异

拥抱作为一个良好的身体语言，能为人体注入活力和激情，增强人体的免疫能力。

中国人是最不善表达感情的民族，但同时中国人又是最没有个人边界的民族。中国人亲人之间几乎不拥抱，他们的身体几乎不表达语言。那么，他们没有语言吗？不，他们的语言深埋在心底。

---

① ［德］库尔特·勒温著，高觉敷译. 拓扑心理学原理. 北京：商务印书馆，2003：119.

在欧美，一个拥抱、一个亲吻是非常常见的事，为什么到了我们国人身上就变成难事了呢？这里面有文化的因素，有历史的因素。从这点看，似乎中国人很冷漠，其实不然。中国不冷漠，而且有时过于热情，他们的热情表现在喜好窥探别人的隐私，不尊重个人的边界。

如果，一个中国人和美国人对话，你会看到一个很有趣的现象，中国人不断地往前凑，而美国人不断地往后退，到最后他们退到房间的一角。中国人往前凑，那是因为他们觉得距离太远说话不方便；美国人往后退，那是因为他们觉得距离太近会产生威胁感。

有时，中国人确实太没有个人边界，父母可以随便干涉孩子的事，配偶可以随便查看对方的手机……

我觉得，既然上帝赐给我们身体，那么我们就该让我们的身体说出美妙的语言。

给孩子拥抱，给爱人拥抱，给父母拥抱，给朋友拥抱……同时，我们也要学会尊重自己的个人边界和尊重别人的个人边界，尊重别人就是尊重自己。

http：//bbs.zhxww.net/dispbbsZ3.asp? BoardID ＝ 103&replyID ＝ 251020&id＝24167&skin＝1

障碍

障碍是对心理移动产生阻力的边界。阻力是边界的一种动力特征，能使跨越者产生心理张力。不同边界，阻力大小也不同，较大的阻力称为障碍，边界地带的阻力可称之为"摩擦（friction）"，比如一个人要入党，就要经过组织长期的考察，这里面可能阻力不大，但也不能一步到位。

同样的边界，对于不同的跨域者，也具有不同的阻力。例如，同样一条河，对于善游泳者，几乎没有阻力；而在不会游泳者看来，几乎无法通过。在和平时代，党员和群众的边界可能并不明显，但在两党内战时期，这种边界的力量便显示出来了。

边界的不同部位，可能有不同的动力性质。奥数题目大多需要创造性思维来解决，也就是要找到窍门。利用一般的解题思路，可能费时费力，甚至无法解决。中国的军事理论中，更是充满这种寻找薄弱边界的智慧。常言道，"打蛇打七寸""打蛇打三寸"，都是说打蛇要命中要害。七寸指的是后腹部，也就是蛇的心脏部位，心脏破裂当然就死掉了；三寸指的是蛇头后的颈部，是脊椎神经必经之地，打了以后蛇会昏死，不是真死。

移动和沟通

移动是一个区域（人或情境）相对其他区域（人或情境）的位置关系的变化，它可以带来情境的改变。移动既可以是准物理的移动，如知觉到自己身体移动到另一区域；也可以是准社会的移动，如身份、地位、权利的变化；还可以是准概念事实的变化，如新知识的学习、新观念的了悟等。人可以移向新的准事实，新的准事实也可以移向人，比如在某一社会运动中，人会不由自主地被带入一个新的情境。移动具有目的性和方向性，会趋向或朝向某一目标，如果在移动过程中遇到障碍，就会产生一直朝向该目标的势力。但对力的大小和方向的分析，已经超出拓扑心理学的范围了。

移动是一条一维的线路，而沟通是一个两维的区域，是区域间的接触或重叠，从而产生的一种区域间的桥梁，如图 25 所示。二者统称为联系，都是指在区域内的自由移动。

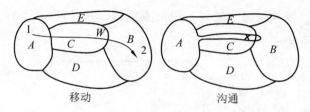

移动　　　　　　　　沟通

图 25　移动与沟通

两个区域间存在沟通，并不意味着双方有相同的沟通，其阻力也可能不一样。比如心理求助者向咨询师敞开自己的内心世界，并不意味着咨询师也要向求助者敞开自己的心扉。这显然也涉及了方向问题，不得不借助于向量学的内容。

三类准事实

事实是个体生活空间的组成部分，勒温认为，对个体产生影响的，不是纯物理的、纯社会的、纯概念的客观事实，而是指对个体有影响的准事实，以区别于客观事实。

（1）准物理事实，比如同一块饼干，在饿时和饱时，就是不同的环境。

（2）准社会事实，比如说"再哭叫警察抓你"，能吓住孩子，但吓唬不了孩子他爸爸。

（3）准概念事实，同样的一道数学题目，涉及的数学概念结构是客观的，但程度不同学生有着不同的理解。

人们之间之所以存在误解，大都是因为他们空间中的这些准事实有所不同，或者说各自的准事实与其客观现实符合程度不同。现实程度（degree of reality）是几乎所有心理现象的重要动力特征。勒温用不同平面表示不同的现实程度。R（reality），较实在层面；I（irreality）较虚构的层面；P，人。较实在层的障碍较强，而人和环境的隔离也较大。虚构层障碍较弱，想象或睡梦中几乎可以天马行空，无拘无束。

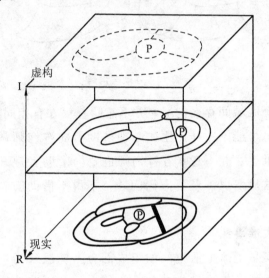

图 26　现实程度的差异

不同现实程度的准事实可以同时存在于一个人的生活空间，但可能具有不同的权重。比如睡梦中，周围环境发生的事物如果进入梦境，也会变得具有梦境的虚幻性；当他朦胧醒来时，这种虚幻性逐渐减弱，现实性权重增强。

现实程度不仅因情境而异，也存在个体差异，更是一个发展的变量。图 27 展示了儿童与成人生活空间发展的差异。

如何描述和分析生活空间

我们不妨以例子来说明如何使用拓扑图来描述生活空间。

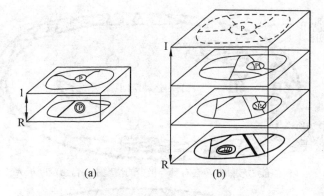

图 27 现实程度的差异

注：（a）为儿童的生活空间，在现实性维度上尚未充分分化；（b）为成人的生活空间，在现实性维度上已有较多分化。而且儿童的生活空间大致对应于成人生活空间的中部。也就是说，儿童的现实层和成人相比更虚构，而儿童的虚构层又比成人更现实。

某一个体的区域、疆界及移动的描述

图中的高中生想成为医生（目标），他必须经过以下区域：大学入学考试、进入大学、选择医学专业、顺利毕业、开业行医。这里大学入学考试就是高中与大学两个区域间的疆界地带，若考试不及格，这个疆界便成为一种障碍，无法达到目标。

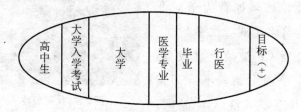

图 28 对一个想成为医生的青年所处情境的拓扑分析

不同个体心理空间差异对比

如图所示，儿童 Ca 与 Cb 两人在两方面存在差异：①

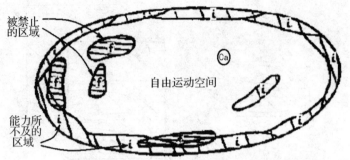

能力较强儿童在有禁令极少的情境中，自由空间很大

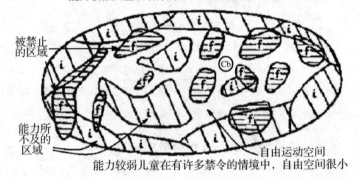

能力较弱儿童在有许多禁令的情境中，自由空间很小

图 29　被禁区域、儿童能力与自由空间

被许可或禁止之事的性质及范围；②能力所可及之事的性质及范围，如智力落后儿童就有许多游戏无法参与。

图 30　我不想吃

　　儿童 Cb 被禁之事较多，如不许单独上街，不许阅读某种书籍，不许入食品间，不许爬上围墙，不许摘花，或不许对客无礼，显然他的自由空间较小。儿童 Ca 的待遇则相反。这些差异对于儿童的行为和发展，尤其是他的独立性及人格的发展，都有很重

54

要的影响。

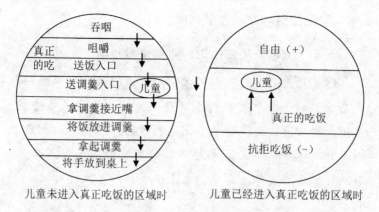

儿童未进入真正吃饭的区域时　　儿童已经进入真正吃饭的区域时

图31　对儿童吃饭情境的拓扑分析

↓：表示力，箭头表示力度方向，长度表示力度大小，位置表示力的作用位置。

（十）：表示正的引拒值（或称正效价），即吸引力；（一）：表示负的引拒值，即排斥力。

未进入真正吃饭的区域时，大人常遇到逐渐增加的抵抗力；一旦进入真正吃饭的区域，力的方向会发生完全改变，因为前面的情景是一个愉快的自由情景。

心理空间的改变

比如勒温在《拓扑心理学原理》中的一个事例：母亲想让孩子吃他不喜欢的饭，小孩在未进入真正吃饭的区域之前，什么都抗拒。但是当把饭放进了他的口里，进入了真正吃饭的区域，他也就只好吞咽下去，因为吞下去就会有自由，甚至可以得到糖果、夸奖、爱抚等奖赏。

这种类似的技巧也常被用以强迫成人作违反意愿的行动。例如在政治斗争中，一个社会团体也许极力反抗其地位的改变。但是如果我们能造成一个"既成事实"，这个团体也许会接受其新的地位而不再抵抗。政治斗争中对"既成事实"的恐惧，原因大多在此。

《穆萨的四十天》中的决策故事

阿美尼亚乡民的一个团体决定上山抵抗共同的敌人。但是他们对于山中营寨内的财产权的分配办法无法达成共识。乡长便设法拖延这个问题的讨论。他们上山之后，在新的具体情境下，这个财产权问题便迎刃而解，而其解决的方法，实际上是他们在上山之前所坚决反对的。

译自：Lewin K. The principles of topological psychology. New York：Mcgraw-Hill Book company，1936：98~99

空间内不同区域的沟通

母亲与儿子对视，打算让儿子听从自己的吩咐。这个"看"的动作就是一种沟通，目的就是影响对方。

图32　母亲的权力场

这种由看产生的接触，影响的方向和沟通的程度会有很多变化。母亲看儿子一眼，相当于她用权力场笼罩了儿子，这个权力场可以看做一个区域。但如果儿子一扭头，避开了母亲的视线，这种"看"的权力场便不复存在。儿子也有可能带着敌意与母亲对视，似乎在自己的空间中打了一堵墙，不仅拒绝母亲的影响，甚至还要反过来影响母亲。如果母亲要加强她的权力场，可以加上声音指示，甚至可以直接伸手过去拉住儿子。这实际上已经开始涉及人的内部结构，而不再是把人作为一个无结构、未分化的区域对待。

环境的区域和人的区域的区分

总体上说，勒温以其方程 $B = f(PE)$，已经包含了拓扑学和向量学的内涵，它表示了人的行为与人的情境特征的关系。其中，环境（E）的区域是人对环境结构和特征的主观认知，而人（P）的区域则是对自己本身结构和特征的主观认识，但 P、E 不是两个独立的变量。环境的结构及其力场的分布，会因人的状态（如欲望、需要等）而改变，人的状态也可能因环境变化而变化。比如一位政府官员，在政府部门和同事间，他的权力场可以很大，而回到家里，可能因为怕老婆，权力场会缩到很小。

人与环境紧密联系，但在描述和分析时必须加以区分。人与环境的区分，受生活空间的现实性和人格发展状况的影响。人格发展状况包括人格分化程度、各子区域间边界特征即整合和退化情况等，都在一定程度上影响着人与环境的关系。对这一点，我们放在本书第四章"经典理论与实验"的"人格动力理论"里面专门论述。

对生活空间的向量分析

勒温的年代，正值向量刚刚开始用于空间表示。使用拓扑学描述生活空间及其动力结构，只能表示可能发生哪些事件；要确定在具体情况下会发生什么，就必须用向量来分析生活空间中的动力和行为的方向。勒温在讲述其拓扑心理学时，已经融入了向量心理学的内容。

向 量

向量是指既有大小又有方向的量，也称为矢量。向量可以用有向线段来表示，长度表示向量的大小，箭头所指的方向表示向量的方向。

最早的向量知识可追溯到大约公元前350年前，古希腊著名学者亚里士多德就知道了力可以表示成向量，两个力的组合作用可用著名的平行四边形法则来得到。在物理学中，最先使用有向线段表示向量的是牛顿，很多物理量如力、速度、位移，以及后来的电场强度、磁感应强度等，都用向量来表示。

从数学发展史来看，历史上很长一段时间，空间的向量结构并未被数学家们所认识，直到19世纪末20世纪初，人们才把空间的性质与向量运算联系起来。现在的向量学，发展非常复杂，从复数的几何表示，到三维向量分析的开创，已经成为具有一套优良运算通性的数学体系。

一个生活空间可能包含一个或多个情境区域，如果他们之间存在差异，就会产生张力（tension）。张力对应某种需求，需求得以满足，张力就会减小，区域间的差异趋于消失，向均衡状态发展。张力的存在，会产生一种改变的趋势，这就是动力（dynamic）产生的机制。特定的人在特定情境下，各区域间会形成一个统一的动力系统，被勒温称为心理张力系统。

在一个向量的作用下，个体会沿着向量所指的方向移动。而当两个至更多向量从不同方向驱动一个人时，他就

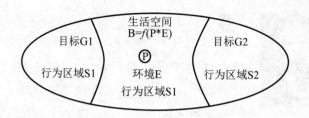

图33 对心理张力系统的向量分析

会在这些力的合力的作用下产生有效的移动。

人（P）与其环境（E）组成了生活空间，张力就是空间中区域 S 与周围的区域（S1 或 S2）失去了平衡，并企图达到新的平衡的一种状态。

当 S 处于张力状态时，说明 S1 或 S2 中的某一区域有了相应的效价（valence），带有方向的力的大小，表示吸引或拒绝的强度，它成为张力趋向的目标（G）。勒温曾用公式 Va（G）=f（PtG）表示这种关系，即目标 G 所具有的效价 Va（G）依赖于个体所处的张力状态（t），以及个体（P）与目标（G）的关系。

比如，在饥饿时，会产生一种张力状态，周围与进食有关的某个区域（食物），它此刻对个体具有正的效价，产生一种趋向这一区域的移动。

由于人与情境的复杂性，在同一时刻可能会存在多个这种张力系统，也就存在多个力的相互作用。不同方向的力之间可能存在相互的冲突，勒温提出了三种冲突的情境：

（1）G1＋←P→G2＋：表示吸引与吸引之间的冲突，即个体 P 处于两种具有吸引力的目标之间，如鱼与熊掌；

（2）G1－→P←G2－：表示排斥与排斥之间的冲突，即个体面临两种都具有排斥力的目标之间，如前怕狼后

59

图34 赫尔

怕虎；

（3）G1＋－←→P：表示吸引力与排斥力之间的冲突，即目标 G 既具有吸引力，又具有排斥力，如想摘玫瑰又怕刺儿。

这种分析方式，显示了心理力的三个特性：方向、大小和位置，也就是向量心理学的分析。勒温的这一理论，后来被米勒（N. M. Miller）用实验所验证。米勒和他的老师赫尔（Clark Hull, 1884—1952）都承认："勒温对冲突的三种类型做出了相当透彻的分析。"

至此，我们已经阐明了勒温心理学的两大主题，大致勾画了其拓扑心理学的大概框架，对于如何利用拓扑心理学描述人的心理有了初步理解。

从概念上看，勒温结合了心理张力系统与心理空间；从技术上看，他结合了拓扑心理学与向量心理学。拓扑心理学是为了描述生活空间的结构及其关系，向量心理学是为了分析心理张力的变化。

如果侧重于描述生活空间结构及其各部分的关系，就形成了所谓"心理环境理论"，也就是勒温对生活空间的解释："为了理解或预测行为，就必须把人及其环境看作是一种相互依存因素的集合。我们把这些因素的整体称作该个体的生活空间，并用 $B = f(PE) = f(S)$ 来表示[1]"（B 表示行为，P 表示行为主体，E 表示环境，S 是生活空间）。

如果侧重于生活空间的动力方面，勒温提出了"稳态

---

① Kurt Lewin. Field theory in social science. New York: Harper & Brother Publishers, 1951.

动力模式"，来表示动力的整体特征，用"准稳态平衡过程"（quasi－stationary equilibrium），来表示动力发展过程：在某一点上，平衡被打破了，于是朝向一种新的平衡状态的过程就开始了①。

如果把生活空间和动力过程结合起来，便形成了他的心理场论。以后各章就要利用这些最基本的概念，对个体、社会中的具体现象做出分析。

---

① Lewin K. A dynamic theory of personality. New York: Mcgraw-Hill Book company Inc，1935.

第四章　经典理论与实验

一、场论

1917 年，勒温写成了两篇论文，形成了他心理学思想的两大主题——动力与结构，分别提出了"心理张力系统"的概念与"生活空间"的概念。他将两个概念结合起来，形成了他的场论。

勒温所谓的场（field），是他从物理学中借来的概念。按照爱因斯坦的说法，"场是相互依存事实的整体"，勒温把场作为一种分析关系起因和建立科学体系的方法。勒温心理场论的基本主张是：任何一种行为，都产生于各种相互依存事实的整体，而且这些相互依存的事实具有一种动力场的特征[①]。

勒温的场，不仅指知觉到的内外部环境中的某些事件（即被知觉到的物质环境），也包括个人的信念、感情和目的等。简言之，就是认知场、知觉场和信念场。

场论既是勒温对先前学术思想的整合，又是他各种具体理论的基础，如人格动力理论、团体动力学与学习理论。我们这里简要介绍场论的主要原则，及其对学习现象的场

---

① Kurt Lewin. Field Theory in Social Science. New York：Harper & Brother Publishers，1951：25.

论解释。

勒温认为，场论最重要的几个原则是：方法上使用建构法而不是分类法；注重事件的动力方面；采用心理而非物理的取向；从情境整体开始分析；区分系统的和历史的问题；对场的数学表达。

建构法

在对心理学概念和规律的探索中，有一个两难问题：如果要从不同个案中抽象出概括性规律，就无法从逻辑上再返回个案。比如说我们可以从一个个类似的心理疾病患者那里抽象出一个"变态人"的概念，但从这个概念中我们无法再进一步说明某一个案。一个概括性概念如果不能预测个案，那他还有什么价值呢？

早在古希腊，几何学就经历了从"分类法"（classificatory）到"建构法"（constructive）的转变。建构法又叫发生学（genetic）方法，即按照相互产生或导出的方式来分类。勒温曾把科学观念区分为三个时代，他推崇的建构法就属于伽利略时代。

科学观的转变——三个科学时代

勒温的研究开始于对科学演化进程的分析，他认为科学要经历三个时代：思辨的时代、描述的时代、结构的时代。

亚里士多德科学代表第一时代。其特点是：进行大量思辨性的推理，并力图涉及所有自然现象；从单个概念或一些两分概念中推理出包括一切的系统。

描述时代的特点是：尽可能多地收集事实，并准确地描述事实；把推理降低到最小限度，力图按照一些抽象概念来对事实进行描述分类。

伽利略科学代表第三时代，这是勒温所推崇的科学研究方式。他把发现规律、预测个案作为这个体系的目标，认为所有事件，包括那些仅仅发生一次的事件，都是有规律的，一个事件符合规律的经验证据不是必需的。可见勒温心理学是以个体为中心，而不是以一群个体的平均反应为中心。因此，场具有一个特性，即具体性，它不是不同个体的平均值，只有在具体情境中，才能准确地预测。

建构法的要点是用少数几个"建构元素"表征个案。在场论中，勒温提出了一些建构元素，如位置、力、移动等不同维度的建构元素。心理学的规律，就是这些建构元素间关系特征。根据这些规律，可以建构无穷的组合（constellations），每个组合都对应着特定时间的某个个案。这样，概括性与特殊性、规律和个案间的两难，就可以解决了。

勒温场论的建构元素

不同建构元素可能存在于不同维度上，同一维度的概念才能比较大小。只要在同一维度，就可以在同一尺度下进行量的比较和测量。以下有些概念已经在拓扑心理学中有所介绍，这里侧重于概念的维度及其相互间的层次关系。

位置（position）：是区域的空间关系，如个体对团体的归属感。

认知结构（cognitive structure）：指场的不同部分的相对位置。

移动（locomotion）：是不同时间位置的关系。

力（force）：是移动的倾向。

张力（tension）：表示需要的状态，没有方向性，是一种能量，不同于力。

目标（goal）：是具有特殊结构的力场，具有正效价，相反的概念是厌恶，类似的力场还有困难和障碍。

冲突（conflict）：指多个力场的交叠，和挫折、平衡的维度一样。

恐惧（fear）：和厌恶在同一维度，在心理上指向未来。

权力（power）：指对他人产生力的可能性。与力不在一个维度，权力场也不同于力场。

价值观（value）：类似于观念（ideology），价值观影响行为，但并不具有目标力场的特征。比如说，个体并不想追求公平价值观，但公平却在指导他的行为。价值观虽然不是力场，但诱导了力场，与权力场存在同一维度。心理分析理论说，价值观是内化的父母，也不无道理，至少可以说，价值观和一个人一样，都代表了一个权力场。

摘编自：Lewin Kurt. Resolving social conflicts & Field theory in social science. American Psychological Association，1997.

动力取向

动力（dynamic）一词在这里指的是一种力，它能够解释心理力产生的变化。勒温在《心理力的概念表征与测量》（1938 年）一书中，曾对动力概念的使用做过详尽的说明。

勒温强调动力，但并不忽视动力赖以存在的基础——结构。勒温提出的建构元素都是结构概念。结构概念可用来表示组成生活空间的可能行为的总体，比如表示某一个人在各种情境中的处境：他是某一团体的成员、他位于某一级别、他周围有

图35　崩溃了

某些障碍等等。结构概念也可以表示个体的需要系统、能力的组织等等，勒温的拓扑心理学正是介绍如何描述结构的一套方法。

场论的一个特征是，结构的变化会影响到动力特征，动力的变化反过来也会影响结构，这一点对于实证研究尤其重要。比如说，面对一个横在目标前的障碍，一个人是在障碍内还是在障碍外，就决定了他行为的指向模式。反之，一个人的能力组织是有边界的，如果情绪张力扩散越界，就会导致该能力系统崩溃，这个人就混化（dedifferentiation，晕菜）了。

结构与动力的结合，用函数关系表示，即：$B = f(PE)$，或 $B = f(S)$。整个行为公式表示的就是一个场，其中 P、E 或 S 是一个有结构、系统化的整体，各个部分之间存在着一种动力关系。

心理学取向

从使用可验证的"操作性定义（operational definitions）"来看，场论带有行为主义性质。有些遵循条件反射理论的心理学家，误以为操作性定义就是要排除心理描述，因而主张用物理术语来定义刺激（stimuli）。

与这种物理主义正好相反，场论认为影响个体的场不应该用"客观物理主义"的术语来描述，而应该使用当时个体体验到的方式。在心理学中，客观描述一个情境，实际上就是要把这个情境作为一个事实的整体，而且只有这些事实才构成了该个体的场。用教师、物理学家或其他任何人的世界，代替学生的世界，都是不客观的，因而是错误的。一个老师，如果不去理解学生所生活的心理世界，他就永远也不会有正确的指导。

心理学的一个基本任务就是找到一些科学构念，以便用恰当的组合表征真实心理现象，并推导出个体的行为。这并不妨碍使用操作性定义，但更强调在心理学中使用心理概念的正确性和必要性。

个体生活空间的特征，一方面有赖于个体的状态，因为个体是自己历史的产物；一方面也依赖于非心理的情境，即物理和社会环境。

分析从整体情境开始

有种流行看法认为，场论和格式塔理论与分析相对立，这简直大错特错。相反，场论还批评许多物理主义的理论缺乏对心理的彻底分析，在许多情境中利用场论，要比其他方法分析得更为透彻。

一般的分析师，可能会从情境中挑出一两个孤立的元素来深入，但实际上其重要性无法在整体中作出判断。场论的分析，从一开始就把情境作为一个整体。在第一次逼近（approximation）后，再对情境的各个部分和各个方面做越来越具体细致的分析。显然，这种方法是最安全的，不会被一两个元素误导进入歧途。

当然，该方法首先假设存在一个整体的场，即使是经年累月的宏观情境，在特定情况下也能看成是一个单元。这个场的属性，比如自由运动空间的大小、友好气氛等，听起来似乎太通俗，但实际上都是可以精确测量的。孩子们很敏感，社会气氛，比如友好程度或安全程度，即使只发生非常小的改变，他们都能感受到。不管教哪门课，老师都要善于创造气氛。

整体情境包括个体及其心理环境两部分，心理环境这个概念比看起来要复杂：

（1）个体没有觉察到，因而对他的行为没有影响的客体，即使可能离他很近，也不在他心理环境之内。

（2）他认为存在的东西，并由此而作出行为反应，那么即使客观上不存在这种东西，它也在他的心理环境之内。杯弓蛇影也就是这种情况。

（3）心理环境也不仅仅包括个人觉察到的东西，个体还可能受他没有意识到的因素的影响。这类似于弗洛伊德所说的潜意识的影响，但勒温并不主张像弗洛伊德那样从过去历史找现在行为的原因，他主张的是"同时性"原则（The Principle of "Contemporaneity"）。

行为是其发生时的场的函数

场论主张行为不能从过去来推导，过去事件现在已经没有了，不可能再有影响。过去对现在的影响是间接的，过去的心理场是当前心理场的来源，然而当前心理场才是影响行为的真正因素。

勒温指出，先前研究混淆了两类因果关系：历史的因果关系与系统的因果关系。前者指任何行为都有其前因后果，而后者指的是所有行为都可以在当前的心理结构中找到原因。二者是紧密联系的，每种因果关系都能完全解释当前的行为，因为所有的历史原因，都通过当下的系统起作用，当下系统的每一部分，也都有其历史的原因。

二者都很重要，但在分析时，如果不加以区分，会导致严重错误。精神分析的贡献在很大程度上重视问题的历史方面，但这种概念混淆也导致精神分析中严重的曲解。

勒温说，"我们在这里坚决捍卫这个论点：既不是过去的心理事实，也不是将来的心理事实，而是只有现在情境，才能够影响现在事件①。"他把过去与未来看作"生活空间中的虚构之物与无定之物②。"当然，这并非忽视了时间（历史和未来）因素的作用。从系统的因果关系的观点来看，因为历史的影响是间接的，过去事件不能直接影响现在事件，它们都通过"此刻截面（momentary sections）"，即现在的情境起作用。所有对个体此刻行为造成影响的因素，此刻都同时存在于个体的心理空间，这就是勒温提出的同时性原则。

历史的因果关系与系统的因果关系

雨中我坐在树下，树叶使我不被淋湿。我问道："为什么我不会被淋湿？"通过找出落下雨点的方向和速度、树叶的位置、我自己的位置等等，有可能回答这个问题。总之，人们能够描述现在情境，并且应用力学定律或其他有关定律，来推知在这类情境下必然发生什么事件。但是，对这个问题的回答也可能如下："感谢你的爷爷，

① ［德］库尔特•勒温著，竺培梁译．拓扑心理学原理．杭州：浙江教育出版社，1997：29.
② ［德］库尔特•勒温著，高觉敷译．拓扑心理学原理．北京：商务印书馆，2003：34.

他种下这棵树，使你不被淋湿。当然，这里的土壤不是很肥沃，但你的爷爷最初几年格外照料小树。然而，假如扩建公路的计划去年完成的话，这棵树就被砍倒，你也不能坐在这里避雨了。

第二种回答方式，是按照历史的因果关系来解释的一个实例。它的特征在于，它说明事件的原因链的发展过程和相互关系，这种事件只是一度发生于某时某地。另一方面，按照系统的因果关系的回答，则应用没有时间性的定律。两种回答都是完全合理和十分重要的，但是哪种回答都不能取代另一种，虽然一种回答对另一种回答有影响。对于心理学来说，两种类型的回答都是重要的。在个体发展心理学和团体发展心理学中，历史的因果概念尤其起着重要作用。这种历史因果概念在心理病理学中也是重要的，它对于了解疾病的起源是必不可少的。

根据同时性原则，个体的心理过去、现状和未来都是当前个体心理场的部分，而且同时存在。个体不仅可以看到当前的情境，他还有对未来的期待、希望、恐惧和白日梦，他对自己过去和过去的物理的、社会的情境都有一套自己的看法，这种看法可能是错的，但无疑都是他生活空间的组成部分，只是真实程度不同而已。

心理情境的数学表征

要进行科学推导，心理学就必须使用严密的逻辑，并符合建构方法。自韦伯和费希纳开始，心理学领域就有一种越来越强的量化和数学化趋势。但有些研究者存在一种误解，将量化研究与质化研究看做是对立的方法。

卡西尔曾反复指出，数学化并不等于量化，而是具有量化和质化两种方式，二者是互补的。心理学家们逐渐认识到，质化分析是量化处理的必要前提，但有一点似乎认识还不够，那就是质性的差异本身，也是能够以及有必要用数学来表达的。拓扑几何学就是这样一种可资利用的数学工具。

勒温采用了心理路径的概念，测量方法采用他发明的"轨迹几何学（horological geometry）"，用以表示心理力的方向和大小。也就是把拓扑学和向量学结合了起来，既能够分析，概念又精确，还能进行推导。在勒温看来，这种方法比任何方法都适用于心理学的所有问题。这种结构与动力的巧妙结合，赋予了场论以极大的创造潜力，已经产生了众多的成果。

二、学习的心理场论

如何解释学习，是每一个心理学家都要给出答案的课题，比如华生的刺激—反应联结说、巴甫洛夫的条件反射说、桑代克的尝试—错误说等。被称为"元理论家（meta-theorist）"的勒温，自然也要以其"元理论"——场论，来解释学习现象。

勒温反对行为主义把学习简单化，而继承了格式塔学派的顿悟说。但不同的是，勒温用动力场来解释顿悟学习，认为有效学习必须具备的三个条

图36 顿悟学习

71

件：领悟、目标和认知结构。目标是人们注意的结果和客体。个人一旦知道了吸引他的目标，就会试图寻找得到它的方法，并据此调节自己的行为。顿悟学习有四种形式：

（1）生活空间认知结构的形成或改变；

（2）动机的变化；

（3）团体属性和思想意识的变化；

（4）肌肉的随意控制及熟练的长进。

下面两个部分，包括了前三种形式。

1．学习：认知结构的变化

认知结构的变化是具有特殊意义的概括或领悟。勒温认为，在认知范围内，学习就是一个获得新的认知结构或改变旧的认知结构的过程。

无结构区域的分化

无结构（Unstructured）区域是尚未分化的原始区域，在学习过程中不断分化，出现了某种结构的产生和改变。这里仍以勒温所举的例子来说明。

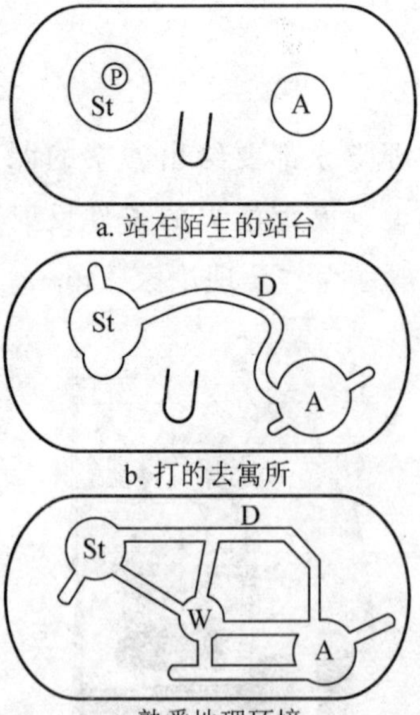
P
St
A
a. 站在陌生的站台
D
St
A
b. 打的去寓所
D
St
W
A
c. 熟悉地理环境

图 37　无结构区域的分化

一个人来到一个陌生的小镇，他逐渐熟悉了这里的地理和社会状况。这里面就包含了学习的过程，其中有什么心理变化呢？我们从头说起。

这个人 P 到达了车站，一切都很陌生。他可能提前预订过寓所 A，也知道他的房间号码，但他站在站台（St）上觉得很茫然，手上又没有地图。这个情境可以用图表示为：

图中 U 表示在站台 St 与寓所 A 之间的未组织化区域，也就是说，他不知道从车站到寓所怎么走。

他打了一辆的士 D，就在驶往寓所的路上，他的心理开始结构化了。通过打的，他知道了从车站到寓所的方向和距离。因为的士拐了几个弯，他对车站和寓所的位置仍不确定，但至少知道了有这么一条路可走。

也许第二天他就要去工作，他可能通过同样的方式学到了住处与工作地点 W 之间的位置关系（图）。但这个城市的其他地方对他来说，仍然尚未组织化。或许，他首先熟悉了住处附近的一些地理环境，慢慢地，他对城市的认知程度越来越组织化，最终，他知道了不止一条从住处到工作地点或车站的途径（图）。时间长了，他还会知道哪条路最近，甚至最后他能随口说出任意两个地点之间怎么走方便，哪条路最近。

不仅对于地理环境，对于在这个城市的社会生活，也存在着类似的分化过程。刚开始他并不知道怎么和别人接近，但慢慢的他会认得谁是谁，了解社会生活是如何组织的，知道办什么事情用哪些途径更快捷，哪些方式会碰壁等。

学生的学习也是这样一个逐渐分化的过程，先前模糊的、未组织化、无结构的区域，在认知上逐渐结构化和具体化。实际上整个人的发展都是这样，新生儿不能分辨他和他周围的环境，与吃有关的区域首先分化出来，之后身体其他部分的功能也渐次发生分化，自身也从外界环境分化出来。社会关系的发展也是逐渐分化的，刚开始周围的人都是一样，后来区分了熟人和生人，再进一步分化出爸爸妈妈爷爷奶奶老师同学等等。心理的需要、动机、语言等也要经历类似的一个分化过程。

重构、心理方向、意义

我们把学习称为认知结构的改变，这种改变并非必然是分化，有时分化程度并无增减，也可能出现结构改变，比如重构（Restructurization）。重构会产生心理方向和意义的改变。

所有行为都在很大程度上依赖于生活空间的认知结构。在未组织化的，或新的情境中，心理方向尚未确定，人会感到茫然和不安，他不知道什么行动会有产生什么后果。

当我们说意义有变化时，一定有认知结构的变化，比如心理区域中产生新的联系或分割，出现分化或混化（dedifferentiation）等等。在心理学中，如果心理位置和方向确定了，就可以说我们知道了事件的"意义"。

学习的根本原因是认知结构改变，包括分化和重构，而非联想主义和条件反射理论所强调的重复。虽然重复有可能产生认知结构的改变，但重复本身并非根本。如果陌生人有地图，他根本不用花那么多功夫一遍一遍重复才能认识这个陌生城市的道路，甚至连走迷宫的老鼠，也会形成"假设"，而不是机械重复。这就是先对问题有个整体的认识，为什么能有助于认知结构改变，从而解决问题的原因所在。仅仅重复，甚至会对学习产生相反的效果，如果产生厌腻（satiation），就可能导致组织瓦解（disorganization）或混化，原本有意义的事情，会变得失去意义，原先已知的东西，也会像没学过一样。

认知结构的重构

经典的例子是迂回问题（detour problems）。图 38 表示 1 岁和 4 岁孩子在迂回问题上的场。1 岁孩子 P 被放在一个 U 型的护栏里，他看到外面有一个玩具（目标 G），但怎么也够不着，4 岁的孩子却能毫不费力地达到目的。他们的心理情境有何不同呢？

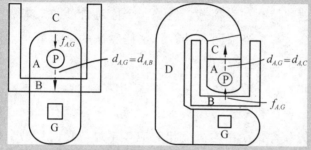

图 38　不同年龄孩子在迂回问题上的心理场

对于 1 岁孩子来说，他被放在区域 A，面对目标 G，中间是障碍 B。此时他的目标方向为 $d_{A,G}$，障碍方向为 $d_{A,B}$，二者相等（$d_{A,G}=d_{A,B}$）。1 岁孩子不会向 C 移动，因为向 C 移动的方向（$d_{A,C}$）与目标方向相反（$d_{A,C}=d_{A,-G}$），意味着远离目标。力 $f_{A,G}$ 使孩子向 $d_{A,B}$ 方向移动，但障碍 B 无法克服，他无法拿到心仪已久的玩具。

在顿悟之后（孩子长大后），该情境的认知结构就会变化。原先分离的区域 A 和 G，现在成为了一个连贯的区域（A+C+D+G）。这时，从 A 到 C 的移动，相当于路径 $W_{A,C,D,G}$ 的第一步。相应地，从 A 到 C 的方向就等于从 A 到 G 的方向（$d_{A,C}=d_{A,G}$），而不是离开 G（$d_{A,C}=d_{A,-G}$）了。现在的力 $f_{A,G}$ 使孩子从 A 移动到 C，这与方向意义的改变相一致。

这个例子向我们展示了，心理方向是如何取决于特定情境的认知结构的。

时间视野、心理现实和虚构

个体的行为不完全依赖于他当前的处境，他的希望和愿望，以及他对自己过去的看法，要比当前情绪状态更能影响他的信心和幸福感。但是，个体对自己的未来和过去的看法，都在当前同时共存，这些看法的整体就是"时间视野（time perspective）"。

此外，心理生活空间还要区分现实—虚构维度。心理过去、现在和未来的现实水平，与真正曾经存在的、当下存在的和将要存在的情境相对应，不过，它们只是个体信念中的水平。

随着人的发展，时间视野范围逐渐增大。很小的孩子生活在当下，他的时间视野只包括很近的过去和很近的未来，他们的行为被称为"原始行为（primitive behavior）"。随着年龄增长，时间维度的范围也逐渐增大，对现在行为有影响的事件的时间距离，也越来越远。

图39 退 行

人的正常发展过程中，生活空间的现实—虚构维度也不断分化。小孩子分不清自己的愿望与事实，更分不清不切实际的希望（hopes）与对可能发生事情的期盼（expectations）。

教育者已经很清楚时间视野的重要性，"拓宽学生的视野"已经成为教育目标之一。时间视野的拓宽也是认知结构变化的一种类型，但现在相关研究还比较少。

时间视野对现实—虚构维度的分化也有影响。有实验表明，如果时间视野变狭窄，现实和虚构之间的区分就会变模糊。有个很明显的例子，即在不安全或者受挫折的情境中，情绪压力很大，会出现"幼稚化（primitivation）"：5岁半的孩子会退行（regress）到3岁半的水平。

2. 学习：效价和价值观的变化

"专制可以直接施予个体；民主却需要学习。"

学习民主，首先，意味着这个人要付出努力，而不是被动接受外来影响。其次，他需要有好恶标准，如效价、价值观和观念。再次，他还要熟悉一些技术，如团体决策等。最后一条类似于学习认知技能，因此这里只讨论前两条。

专制下的强制学习

强制学习，就是不考虑个人需要或兴趣，强迫他做不愿做的事，方法可以直接使用，也可设置圈套，用另一种需求压倒前一种需求的影响，逼其就范。比如，母亲不问婴儿意愿，就可以把她从床上抱出来；学校不用征求学生同意，就可以进行期末考试。

在所有教育中，强制力都有不可低估的作用，在政治教育中尤为常见。希特勒就很善于使用这种一步步的方式，让人做原本不愿做的事：把人放进一个和之前所处情境差

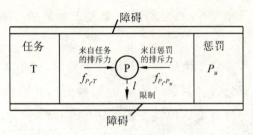

图 40　逼其就范

别不大的情境，以免产生抵触，待他适应以后，再采取下一步行动，这要比一步到位的方法有效得多。

学习中常用奖惩之类的激励方法。比如一个人 P 不喜欢做某事 T，要让他去做这件事，就要先给他安排另一件更讨厌的事 Pu，让他处于矛盾之中，也就是产生两个力的冲突（$f_{P, -T}$ 和 $f_{P}, -P_u$），这种冲突会让这个人产生离开场的倾向，想逃离。要想保证惩罚起作用，就必须加强出口处的障碍，对其自由运动的空间做充分的限制，创造出类似监狱那种情境，确保他不能回避冲突。这些障碍一般是通过权威施加的社会强制力。

奖励的承诺并不需要监狱式的情境，而且允许更多的自由，但仍需要在奖励周围设置障碍，这样是为了保证达到改变行为的目的。奖励可能最终导致真正的兴趣改变，原来并不喜欢的活动，现在喜欢了。重复惩罚却会让人更加憎恨要求做的事，但也可能出现冷漠和屈服，有关社会气氛的实验已经证实了这一点。

效价和价值观的变化

学会喜欢或厌恶某项活动，常是一种发展过程中需要的长时程变化的结果，尤其在所谓"危机期"，如青春期，较为常见。

活动的效价，经常会依赖于它的意义，以及它的认知结构。比如，一个孩子在家里不喜欢某种食物，但若是在朋友的聚餐派对上看到这种食物，可能就不会那么讨厌了。

教育上改变效价最常用的方法，就是改变认知结构。比如妈妈要消除孩子的某种不良行为习惯，她只说："坏孩子才那样做。"她想引导孩子吃饭，就说："这一口喂爸爸，这一口喂妈妈，这一口喂宝宝。"纠正孩子偏食，可以通过给孩子讲故事，而故事的主人公最喜欢的恰恰是孩子不喜欢的食物。

有时候，认知结构与效价的关系并不明显，比如有些孩子在托儿所对某种食物无所谓，可偏是回家里就不愿吃。这些孩子的心理，似乎回到餐桌前，就等同于要和妈妈对着干。这就需要改变活动的意义。在医疗机构或心理学实验中，要让一个成人做什么举动，是件轻而易举的事，但如果没有某种情景设置，他就会断然拒绝。

有时，认知结构和效价间的关系会很明显，比如文化差异现象。文化的差异不仅在于你认识到了哪种价值观，你把哪些事情联系起来的差异也很重要。门诺派是16世纪起源于荷兰的基督教新派，反对服兵役、婴儿洗礼等，主张生活俭朴。在爱荷华的教徒儿童的价值观中，工作和宗教活动之间的联系，是非常紧密的，而乡下的非门诺派教徒儿童则不以为然。很多广告和宣传工作的成功，并不在于它改变了多少你的需要和价值观，而在于它改变了你的认知结构，让你觉得，它所宣传的活动好像是你非常认可的价值观的一部分，或者是实现这种价值观的一种手段。

观念的学习，或者叫转化，一般比较难奏效。原因可能在于，观念中的各种需求和认知结构相互交织在一起。在改变观念和社会行为方面，巴维拉斯（Bavelas）曾经做过一个成功的例子，他要把比较独裁的领导重新训练为优秀的民主型领导，三周内，改变就发生了。其做法是在团体生活中，观察其他领导，并详细讨论在多种情境下该领导的各种可能反应。这样，"领导行为"场的认知结构就会变得分化得多；个体因此变得更为敏感。还有一个动机改变的例子，就是在民主训练中从怀疑变得热情。方法是让参与者体验到民主的团体生活能给孩子带来什么，并认识到一个人有能力创造这样一种气氛。这些参与者前几年生活得比较灰心，对自己的工作很不满意。新的体验很快改变了这些人的观念和心情，而且改变如此深刻，因为在他们原来的时间视野内，有的只是不愉快的往事，不满意的现状，对未来也没有一点积极打算，而现在他们有了有价值的目标，有了长远打算。由此可以看到，时间视野也和效价或目标的改变有紧密联系，而效价或目标则是由抱负水平决定的。

总之，勒温从认知结构变化和动机变化两方面看待学习。

作为认知结构变化的学习，可以发生在个体生活空间的任何部分，包括心理过去、心理当下和心理未来，也可以发生在不同的现实或虚构水平。最基本的结构改变，都使先前未分化区域逐步走向分化。

作为动机改变的学习，涉及了需要的改变，或者满足需要方式的改变。这些改变不仅存在于类似吸毒上瘾或戒除毒瘾之类的事情中，也存在于任何观念的转变中，还存在于儿童时代或新加入一个团体后的文化适应过程中。控制此类学习的力，显然决定着动机和人格的发展，表现为一些基本的规律，如需要和厌腻、目标结构、抱负水平和团体归属感等。

3. 中国古代的场论学习观——虚壹而静

战国荀子关于学习的观点，也具有场论特征。

荀子认为，获得知识须具备虚心、专心、冷静三种心理状态。他在《解蔽》中说："人何以知道？曰：心。心何以知？曰：虚壹而静。"

"虚"，即不自满，"不以所已藏害所将受。"荀子警告人们，已有的知识经验既是人们的宝藏，也可能妨碍新知识的接受。满足于已有的知识框架，就会故步自封，轻者扭曲对新事物的知觉，甚至对新事物视而不见。

"壹"，"不以夫一害此一谓之壹。""壹"区别于"一"，"一"是事物的局部，而"壹"则是事物的整体，这正是荀子整体观的体现。荀子强调"壹"，也就是警告我们"不以夫一害此一"，不要被小事扰乱，而失去对大局的把握。

"静"即"不以梦剧乱知"，亦即冷静思考，不以胡思乱想扰乱正常思维。只要人心保持"虚壹而静"状态，就能使认识达到"大清明"的境界："万物莫形而不见，莫见而不论，莫论而失位。坐于室而见四海，处于今而论久远，疏观万物而知其情，参

图 41　荀子（公元前 313～公元前 238）

注：姓荀名况，尊号荀卿，世人尊称荀子。战国时期著名的思想家、哲学家、教育家，儒家学派的代表人物，先秦时期百家争鸣的集大成者，与孟子并称，史称"后圣"。

稽治乱而通其度，经纬天地而材官万物，制割大理，而宇宙理矣。"到了"静"的境界，个体的场不仅有了充分的分化，而且在分化的基础上，还有了充分的整合。这种整合不仅是短时间内场的整合，其时间视野也极为宽广。

此外，荀子说"未得道而求道者，谓之虚壹而静"，因此"虚壹而静"本身不仅是对场的描述，实际上也是一种学习方法。

三、人格动力理论

人格理论发展至今，已有各种不同流派，如弗洛伊德开创的人格动力理论，奥尔波特（G. Allport，1890—1978）、卡特尔（R. B. Cattell，1905—1998）等为代表的人格特质流派，及后来罗杰斯（C. Rogers，1902—1987）的人本主义人格理论，班杜拉（Albert Bandura，1925— ）等的行为主义流派，霍妮（K. Honey，1885—1952）、弗洛姆（E. Fromm，1900—1980）等的社会文化流派，艾森克的生物学范式，以及凯利、威特金等的认知范式等等。

勒温对人格的研究较早，他接受了弗洛伊德精神分析学说中动力心理学主要思想，认为弗洛伊德的理论最接近于对人性进行研究的心理学理论，但因其结果得不到实验验证，研究方法缺乏周密性，长期以来多受怀疑。勒温借鉴了格式塔心理学的整理论思想，在其场论方法的基础上，运用实验技术，对弗洛伊德的一些基本概念，如代替满足、倒退、挫折等，进行了验证，最终取得了引人注目的成果。用波林的话说，勒温是要"创立一种动机的格式塔心理学，这意味着对当时还存在着的唯一彻底的动机心理学——弗洛伊德体系——进行科学的改造①。"

　　精神分析学家也逐渐认识到勒温的研究所具有的价值，特邀他到一个著名的诊所进行演讲。当时，勒温不仅讨论了大家都感兴趣的话题，像动机、情感、人格、活动与客体的心理学含义，以及环境与心理现象之间的随机联系等等，也对心理分析的某些方法进行反驳，如心理分析只基于历史而非当代心理学体系、集中于研究个体而不是个体与环境的关系、运用个案研究而不注重实验等。勒温指出："实验法的优势主要有两个：一是可以很好地证伪理论；二是其高度的自我纠正功能可以对动力因素进行定量描述。"之后，该诊所开始了第一个心理分析的实验研究，研究者发现：来访者所拥有的完美主义想法与治疗质量的相互影响决定了治疗效果。据此，勒温创立了具有整体结构功能的心理学，其中既阐述了人格及动机等问题，而且在实验室以外进行了试验，并研究了由心理变化引起的行为反应，

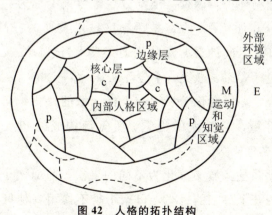

图 42　人格的拓扑结构

　　① ［美］E. G. 波林著，高觉敷译. 实验心理学史. 上海：商务印书馆，1982：834.

从而为心理分析与实验心理学之间架起了一座沟通的桥梁①。

勒温对人格的场论研究，集中体现在他的前两部专著《人格动力论》和《拓扑心理学》中。前者主要述及人格的动力特征，其中的人格发展观体现在他对儿童人格发展的论述；后者则对人格的结构特征做了清晰的整理。为了便于理解，我们将两部分结合起来阐述。

1. 人格的结构

勒温在其拓扑心理学中，用一条约丹曲线把人与外部环境分开，从而形成三个区域：外部环境 E（Environment）、位于核心部位的内部人格区域 I（Inner-personal Regions）、作为二者边界地带的运动和知觉区域 M（Motor-perceptual Regions）。

人格区域的需求和其他状态可以由运动区域来表示，并以此影响环境，因此，运动区域被考夫卡称为"执行部（the executive）"②。语言是运动区域最重要的一项功能，是人与环境之间的最常用的沟通工具。当然，在实际沟通中，还包括姿态、微笑、手势等工具。

相反，环境变化若要引起人格区域的变化，又必须通过知觉区域，包括人的视觉、听觉等构成的知觉系统来实现。

运动知觉区域又分化为不同的层次，前面例子中，由于儿子躲开了母亲的目光，母亲不得不换用其他区域的运

---

① 王沛．社会认知心理学．中国社会科学出版社，2006

② Koffka K. Principles of Gestalt Psychology. N. Y.：Harcout，1935：720.

动，如语言或手，对儿子施加影响。

同样，人格内部也可分为核心层 c（central strata）和边缘层 p（peripheral strata）。核心层比较难以表露在外，而边缘层则很容易表现出来。反过来，外界对人格的影响中，核心层不太容易变化，边缘层则首当其冲。一个人的边缘区域几乎常门户敞开，但他真正的内心区域却难以接触。这也就是所谓："人心隔肚皮"、"知面不知心"。

人格结构正如一个有多种道路所组成的地图，但它不能解决人们最终选择哪一道路的问题，道路的选择是由人格动力所决定的①。

2. 人格的动力

人内部的各区域间不存在移动的概念，但存在动力的依存关系，一个区域状态的改变，会引起相关区域的变化。比如，人的一个欲望得到了满足后，他整个的行为就会随之发生变化。各个区域间的关联程度因人而异，关联强的整体性强、系统化程度高。

能量与张力

要考察因果关系和动力关系，就要留意心理张力和能量来源，它们属于不同的区域，它们之间关系的有无或密切程度，以及边界的变化，对心理过程、心理张力以及心理能量的流动都非常重要。

与弗洛伊德一样，勒温也谈到人格动力中的能量问题。外界刺激或内部变化引起系统的张力，导致非平衡态；心理系统从非平衡态回归平衡的过程中产生"心理能量"，为

① 郑希付. 现代西方人格心理学史. 广州：广东教育出版社，2007：365.

人的心理活动服务；当系统恢复平衡时，能量的产生也就终止了。

张力是相邻两区域相比较的一种状态，具有一种向平衡转化的趋势。通过移动达到目的，可以解除张力。区域的不同依赖程度，形成了不同的张力系统。张力系统也有不同的级别，比如大目标形成了较大的张力系统，其下有很多小目标，形成了许多小的张力系统，如果大张力系统消除了，往往小张力系统也不复存在。

心理过程就是一个趋向平衡的过程，若前一刻的平衡被扰动，则再趋向建立新的平衡。有两点需要注意：

（1）只有在把系统作为一个整体时，才可以说心理过程趋向平衡状态。部分过程的方向可能相反，比如在迂回问题中，迂回行为刚开始似乎是走向不平衡，但从整体上看是走向平衡。

（2）系统达到平衡状态并非意味着系统没有张力。就像压下去的弹簧或吹起来的气球，有张力，但系统照样可以达到平衡态。这时的边界比较稳固，否则，如果该系统不够凝聚（比如较流动），或没有与环境相隔离，而是对相邻系统开放，就不会产生这种稳态的张力，只会越过相邻区域的边界，扩散能量，从而趋向在较大区域产生张力较小的平衡。

张力对系统的边界存在压力，但如果边界非常强，那么张力的扩张就不容易。有时，一个张力系统会与其他许多张力系统共有一个边界（如图43）①，这时边界的某一部

①　郑希付.现代西方人格心理学史.广州：广东教育出版社，2007：365.

分的强度较弱，在此部分上张力就易于扩张，如 a 与 b 系统易于沟通，而与 c、d、e、f 系统的沟通就不太容易。

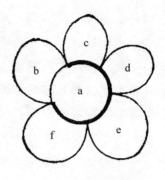

图 43　人格的拓扑结构

张力系统的出现是心理活动的一个表现，在很小的孩子的心理活动中就会存在，这可以通过张力的解除观察到。这时可能会达到一种在最低程度张力时的平衡状态。这种平衡可能经过剧烈的扰动，然后形成一种稳定的张力系统。

未完成的愿望，虽然对其他心理过程也只是造成一些轻微影响，但这个张力系统会保持下来。虽然当时没有表现出来，但在适当场合，它甚至会有强烈表现。

对于成年人而言，常会有许多相对分离的张力系统受到张力解除的影响，但影响程度并不大，解除的并不完整。它们为行动储存了能量，如果没有这种独立性，有秩序的行动就不可能出现。

心理动力绝不是一个封闭的单元。在未完成活动实验中，在做一系列任务时，一些任务被实验人员中途打断，只有少数任务产生了一般的张力状态，而且比较轻微。

对于这些心理能量和张力出现的问题，处理时要注意，它们在确定的心理系统中有自己的位置，因此要以整体的观点来处理，而且要明白，处理心理过程，实际上就是处理生活过程。

需要

张力的产生和能量的释放都是由需要引起的。需要可以是生理状态，如饥、渴、性，也可以是一种愿望，如完成一个任务、严守一个诺言等。

勒温认为，从表面上看来，需要是多种多样的，但他并不想把这些众多的需要概括为几种基本的需要。他认为需要有三种基本状态：需要状态、满足状态和过度满足状态，这三种状态与效价（积极、中性、消极）相对应。

勒温又把需要分为两种：需要和准需要。需要是指客观的生理需要，如饥者思食、渴者思饮，饮食对于有这两种需要的人有极大的吸引力。但吃、喝以后，再好的食物对他们也无吸引力了。准需要是指心理环境中对心理事件有实际影响的需要，如事业上的成功、完成某一项任务等都属于此需要。勒温认为需要在很大程度上是由社会因素所决定的。

效价和向量

勒温认为张力并不能直接地与行动联系起来，即仅有张力仍不能引起移动，因而，他又提出了"效价"和"向量"的概念。

效价是人对心理环境价值的评价，有积极和消极的两极。积极价值的区域内还有一个目的物，当人进入此区时，它可以减弱张力（吸引力），如在人们饥饿时，食物便是具有积极价值的区域。消极价值区是指人们进入时能够增加张力（排拒力）的区域，如小孩对狗的恐惧，每当见到此事物就会增加张力。

效价与需要是相对应的，效价的强弱依赖于需要的强度和所有的非心理因素，如食物是否呈现、食物的种类、食物的数量等。为了表示效价的强度、方向和作用点，勒温引入了向量的概念。

举例来说①，一个孩子经过一个糖果店，从窗子里他看到了店里的糖果，这时他便产生了吃的欲望，这样需要就产生了，而需要的产生又导致了能量的积累，使内在个人区处于一种非平衡态，这时作为目的物的糖果就具有积极的价值，这样又产生了一种效价（这时是吸引力）。这种力推动着孩子向糖果的方向前进。如果孩子用钱买了他所需要的东西，这样需要就满足了。如图44所示。假设他没有钱，那么在他和糖果之间的边界的强度就增加了，这个边界便成为他满足愿望的障碍，如图45。

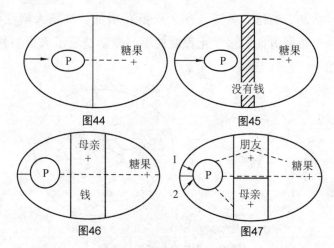

吃糖的欲望、钱的障碍及其解决

这时他便会想，如果能够找到钱，便可以吃到糖果，这样由生理需要引起一种准需要，又唤起新的张力和效价，他便企图从其他人如母亲那里得到钱。如果此需要满足了，

---

① 郑希付. 现代西方人格心理学史. 广州：广东教育出版社，2007：370

就如图 46 所示。但如果母亲并没有满足他的需要，他又试图向朋友借钱，假设朋友满足了他的需要，便如图 47 所示。

在心理环境中，母亲区的边界较粗，不易进入，而朋友区的边界则较细，可以发生移动，通过移动最后达到目的。

3. 人格的个体差异

分化程度的差异

随着人的年龄的增长，心理和行为的多样化程度在增加，活动、情感、需要、社会联系在增加，这是人格变化的一个重要方面。多样化程度的不同，就造成了人格差异，如图 48 所示。

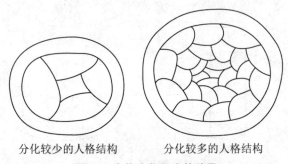

分化较少的人格结构　　　　分化较多的人格结构

图 48　人格分化程度的差异

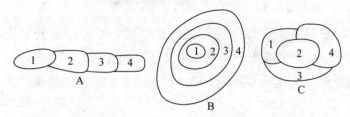

图 49　人格结构的差异

结构的差异

虽然分化数目相等，但结构不同，导致各部分区域间沟通不同，如图49A中效率很低，而C中每个部分间只有一个边界。

相邻区域的动力隔离程度差异

如图50，A虽然与B有相同的分化程度和结构，但各部分间的隔离程度较大（边界以较粗线条表示）。例如，问题儿童的心理系统各分区隔离程度极低，中心区域的状态很容易表露出来，喜怒形于色，毫无控制。而智障儿童各区域间一方面分化程度和结构效率较低，另一方面，各分区间的隔离程度较大，流动性差，比较僵化。

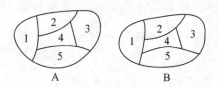

图50 相邻区域的动力隔离程度差异

各区域的相互依赖性存在差异

有的人活动的相互依赖性程度很低，丢三落四、丢东忘西、顾此失彼；有的人做事却能把许多过程组成一个整体，游刃有余。比如主持人的工作，就涉及一些分化极为细微的许多区域的连贯配合，只有使所有的行为组成一个整体才能很好地完成这个活动。

现实程度的不同，也是人格差异的一个很重要方面。随着年龄的增长，人们现实定向的程度越来越高，年轻的孩子很难区分出现实和想象，而成年人则有较好的现实性感觉。

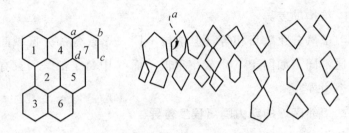

图 51　各区域的相互依赖性存在差异

4. 人格的发展、整合与退化

人格的发展可以用胚胎的行为发展来比拟。受精卵细胞不断分裂成更多的细胞，它们在结构和功能上也逐渐分化，在受到外界刺激时各部分的行为反应也逐渐分化。但如果遇到意外，比如母亲的血液供应被断开，或因受刺激过度而疲劳时，行为反应会退回到较原始阶段的反应。儿童人格和行为的发展也很类似，从发展的进程上，可粗分为三个阶段：

（1）发展早期，分化不足的状态，人格子区域很少，而且 a，b，c，d 四区域是隔离的。

（2）有一定发展的状态。a，b，c，d 分化为更小的区域，比如 a 中新发展 1，2，3，4，5 几个小区域，它们之间隔离程度较弱，原有的 a，b，c，d 之间边界的隔离仍然存在，而且在较紧张状态下，它们又成为主要的决定因素，结果产生退化行为（即返回到前一阶段的幼稚行为）。

（3）发展中不仅更为分化而且发生了组织的变化。产生了一些新的区域边界，而且这些边界比原始边界更强，这时的退化行为和上例退化行为会有些差异。

人格发展除了分化，还有整合（integration）。整合不是分化的反面，也不是人格系统的简单改组，而是在人的不同系统中产生更高的秩序，有利于人在更高程度上的统一。整合可以使某一系统成为主导，从而形成某种行为模式，并产生准需要。这种主导系统的地位，在动力上类似于某一社会权力场的核心。

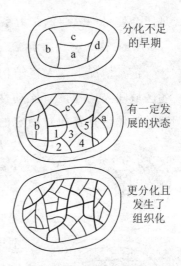

分化不足的早期

有一定发展的状态

更分化且发生了组织化

图 52　发展进程的三个阶段

整合不同于混化，整合是在分化基础上建立了一种等级化的高级新秩序，而混化则只是退回到了分化前原有的低级秩序。

人格结构变化不仅带来了新的不平衡，也包括再次走向平衡。人们的一切心理活动最终都使个体回归平衡态，回归平衡态的方式有下面几种①：

（1）移动。可以通过达到目标来满足需要，减弱张力，以回归平衡。也可以通过想象来转移，如作家的创作、白日梦等，也可得到满足。

（2）扩散。张力大的区向张力小的区扩散，边界压力越来越大，不能承受时，便会突然断开，使能量进入运动区，引起人们的活动，从而回归平衡态。当人格内部区域的边界非常弱时，张力可以轻易地引起活动，这种方式在婴儿期表现得特别明显。

（3）替代。两种相互依赖的需要，当其中一种得到满

---

①　郑希付．现代西方人格心理学史．广州：广东教育出版社，2007：371～372.

足便会使另一需要的张力系统消除，这样也可恢复平衡。

5. 人格的突变与异常

正常情况下，人格结构，包括分化区域数目、结构和各区域间隔离程度（流动性）等各方面，是一个统一的协调的整体，有着相对稳定的特征。但环境的突变，比如天灾人祸、重大事件或与人恋爱、受人感化等，均可能引起人格结构的变化，所谓"放下屠刀、立地成佛"，则是一种深刻的人格变化。不同情境中人格各层的关系如下（图）：

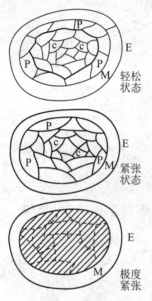

图 53　不同情境中人格各层的关系

轻松状态：外部情境 E 容易接近人格区 I 的边缘区 P，但难以接近 I 的核心 c 区，I 区对运动区 M 的影响相对比较自由；

紧张状态：力图控制自己，人格区 I 的边缘区 P 与核心区 c 紧密结合，外界较难接近，人格区 I 与运动区 M 的沟通也不是很顺畅；

极度紧张：人格区 I 发生混化（unification），又称原始化（primitivation）或退化（regression）。

如果某些区域异常发展，几乎从人格整体中独立出来，就会导致人格的异常。例如偏执于某一观念，会引起该观念异常发展，抑制其他观念发挥作用。精神分析中所谓"情结（complex）"就是指这种现象。

6. 儿童的人格发展

勒温用场论建立了儿童心理发展理论，对儿童人格的发展有独到的见解，且对儿童心理学的发展有重要的影响。赵恒泰曾对此做过详细论述[①]，这里简要做个总结。

从行为公式 B＝f（PE）出发，勒温认为儿童与其周围环境之间有一种平衡关系，这种平衡一旦被打破，就会引起心理上的紧张，从而导致了力图恢复平衡状态的内驱力。这种关系可以用图 54 来表示（儿童行为规律模式图）。

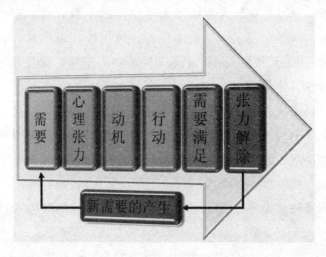

图 54　儿童行为规律模式图

注：当儿童的某种需要产生时，心理上就会产生一种紧张不安状态，从而产生一种内在的驱动力，这就是动机。有了一定的动机就会引起某种行为，行为指向目标。当某一目标达到后，该种需要得到满足，这时紧张状态解除，产生了一种暂时的平衡状态。之后又会产生其他新的需要……如此循环往复，儿童的行为（或心理）就会得到不断发展、提高。

———————————

① 赵恒泰．勒温儿童心理学理论评介．天津：天津师范大学学报，1997，2：22～27.

勒温认为，心理张力系统的产生，是心理事件发生和发展的必要条件，而心理张力系统是否存在、如何变化，均有赖于这个儿童此刻的心理生活空间的整体，即影响他此刻行为（心理）的一切事实，包括生活中过去、现在和将来的一切事件、经验和思想愿望等等。这就是勒温场论的两个方面——动力来源与整体结构。

儿童的心理生活空间是在不停地发展变化的，在不同的发展阶段表现出人格发展上的不同水平。根据他的动力与整体观点，由于儿童心理生活空间的不断分化、整合和重组，从而发展了人格的多样性、统一性和组织性。勒温强调："儿童和成人有一个最重要的动力差异，就是儿童的人格较欠分化。"

勒温认为新生儿的心灵是一个未分化的整体，只需用一个简单的圆形的轮廓来表示。由于儿童日益认识四周的外物，便在圆形的轮廓中增加了认知成分，同时动作的成分和习惯的行为也渐次出现。于是，儿童的人格不断分化，逐渐发展成为一个有记忆、幻想、价值及目的的内心世界（见图 55）。

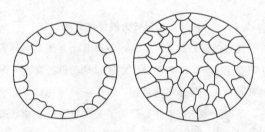

图 55　儿童人格的分化

现代儿童心理研究和实践中，也无不存在这种分化式的发展。从婴儿到青年期间，不同程度的分化主要取决于

96

人们积累的经验的种类与数量。新生儿几乎没有什么分化，如果身体的某部分受到刺激，就会引起全身运动；在婴儿的生活空间中即使有分化区，也是很少的，因为他们缺乏经验；而受过高等教育、通晓世故的成人，其生活空间是复杂与分化得很好的，因为他们具有丰富的经验。所以，儿童的人格具有欠分化的特点，而成年人的人格则往往表现出较为丰富复杂的特点。

儿童人格发展中，也可能存在退行和变异。1941 年，勒温进行了挫折对儿童游戏活动的影响的研究。实验过程中：①让儿童玩普通的或部件不全的玩具；②给儿童一些他们最不喜欢但结构完整的玩具；③用铁丝栅栏把儿童和漂亮玩具分开，只把原先的玩具给他们玩。实验结果表明，后来儿童的游戏成绩倒退了 17.3 个月的智龄，在 30 个儿童中，有 25 个在游戏中还表现出某种程度的破坏性，如摔、砸等破坏行为。

7. 经典实验

勒温认为，在心理学中，要回答两类问题：

（1）某一时刻的情境（即特定环境 E，特定状态的人 P），为什么就能恰好产生这种行为 B？

（2）从历史上讲，为什么此刻的情景恰好具有这种结构、这个人具有这种状态？

勒温要求实验必须把这两类问题分开处理，而不是像联想心理学和弗洛伊德理论中那样，混在一起。勒温的实验核心是针对第一个问题，但实际上，两个问题经常是紧密关联的，要明确一个情境，就有必要给出实验情境的历史结构。勒温进行了一系列对比实验，如中断行为重做、替代活动的替代价值和心理厌腻等，比较了正常和智障儿童的心理动力差异，为人格的动力理论提供了直接的证据。

张力系统

蔡加尼克（1927）：完成与未完成活动的保持实验

假设：意图在动力上相当于一种张力系统，系统的张力状态，不仅应该表现在完成活动的倾向中，更应表现在更好的保持效果中。使用记忆作为未完成活动的保持指标。

实验过程我们在第三章已经详述，这里只讨论结果。

发现：未完成活动的记忆确实更好。产生更好保持成绩的原因，不在于干扰造成的冲击，而在于要求被试回忆时生理系统的状态。蔡加尼克通过自然的和人为的改变被试的情绪状态，发现如果整个人张力

图 56　未完成任务

变化过大，张力系统就会被破坏，还发现，在疲劳状态下，不会有稳定的系统。

奥芙散金娜（1928）：中断活动重做实验

实验假设：意图的效果是形成了准需要，从动力上讲就是形成了张力系统。张力系统驱动个体采取活动以便解除张力。

实验要点：中断一个正在进行的活动，中间插入或不插入其他活动，在一定时间间隔后，给被试一个相对自由的情境，观察是否重做（主动重新回到被打断活动中）。

结果：如表 1 所示。

表1　中断活动重做实验的结果

时间间隔（分）	看似偶然的中断（不插入其他活动，人数）						插入其他活动（人数）						
	拒绝打断	重做倾向	重做	疑似重做	不重做	重做频率	拒绝打断	重做倾向	重做	疑似重做	不重做	重做频率	重做+重做倾向
0～2	3	18				100	3	15				100	100
2～4		14				100		19			1	95	95
4～8		8				100	1	17			5	74	78
8～20		3				100	1	13			4	74	78
20～40		1				100		5		1		92	92
＞40								2		1		83	83
不确定											5		
		44				100	3	71		2	15	79	82

考察了下列因素对重做频率的影响：①活动的类型；②中断时活动的阶段；③中断间隔；④中断活动的性质；⑤中断结束时未完成任务是否在眼前；⑥个人特征。

发现：如果通过替代活动达到目标，张力系统能得以解除，就不会再重做。

替代实验

里斯纳（Lissner，1933）：替代活动对需要的解除

假设：在一定条件下，替代活动在动力上对原来活动有替代价值。

实验要点：在原始任务进行时插入替代任务，观察是否重做，以重做频率作为替代价值的指标。

结果：发现替代价值随替代任务与原始任务之间的类似程度增大而提高，而且较难任务的替代价值比较容易任

务的替代价值高。

马勒（Mahler, 1933）：不同现实程度的替代活动

假设：不同现实程度的活动具有不同程度的替代价值。

实验要点：使用三种不同程度的现实程度（思考、讨论、动手做），两种被试（成人和儿童）。

结果：总体上，现实程度较高的替代活动具有较高的替代价值，说明替代活动与原始活动内在目标的关系具有重要的决定作用，只有替代活动足以实现内在目标时，才产生替代的满足。

抱负水平

霍普（Hoppe, 1930）的成败体验实验说明了抱负水平的动力作用。

假设：成败体验不仅与活动结果有关，也取决于活动结果和当时抱负水平之间的关系。

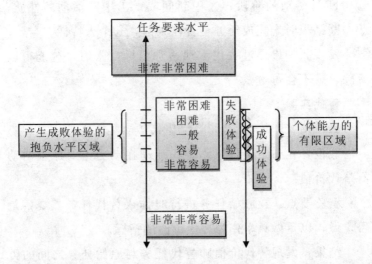

图 57　抱负水平与成败体验

实验要点：设置不同任务难度。

结果：成败的体验只局限于一个相当狭窄的难度区域，而且这一区域取决于个体的能力。过难或过易的任务，不产生成败体验。

心理厌腻

卡斯滕（Karsten，1928）的心理厌腻实验是为了弄清楚一个活动的重复执行会对该活动产生何种影响，这一点与上述张力系统的动力研究不同，它涉及了新的张力系统在什么情况下产生、新的目标与前面目标是什么关系等问题。

假设：重复做一个任务，会导致原来对任务积极的效价变为消极，最终被试将试图走出这个场。

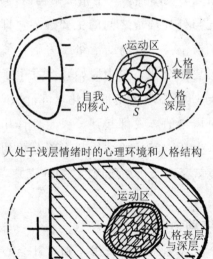

人处于浅层情绪时的心理环境和人格结构

人处于深层情绪时的心理环境和人格结构

图 58　人格结构的退行

实验要点：让被试反复做某一任务，但如果他感到厌烦，允许他停下来。任务涉及各种类型。

结果：尽管疲劳通常包括心理的厌腻，但心理厌腻不同于疲劳。心理厌腻的速度，依赖于整个人的张力状态、任务性质和被试的特征。他还发现，当前任务的厌腻也会影响到邻近区域。卡斯滕的发现揭示了联想理论的一个弱点：重复不一定带来成绩的提高。

人格结构的实验性退行

丹波（Dembo，1931）曾经研究过愤怒的动力学问题，分析了目标无法获得时，人格各层边界及其与外部环境边界的功能稳健性，发生了哪些拓扑学变化（如图58）。

随着情绪张力的增强，人格精细结构内部发生了变化，内部心理系统与外界环境之间的主要边界，即知觉—运动中枢，出现了错位。在过高的情绪压力下，整个人格区的动力结构变得更少分化、更为原始，即发生了混化。人格内部的混化与外部心理情境的简化（simplification）同时发生，它们对情绪的爆发都起到了决定性作用。这时成人"世界图景"（生活空间）的结构和未曾分化的小孩子具有共同特征，也就是弗洛伊德所说的"退行"。

四、团体动力学

出于对个体心理研究的反思，和对社会心理现象的日益关注，勒温很快就把研究的重心，转向了人际关系和团体心理方面，并把团体作为改变个人及社会的有力工具。其独特的场论方法体系，曾在团体心理研究中大放异彩。因为创立了团体动力学（group dynamics），勒温被称为团体心理学之父、实验社会心理学之父。

图 59　团体动力学

图片采自：http：//trendsupdates. com/group-dynamics-convergence-resolution/

1. 团体动力学的产生

勒温对团体心理及团体间的关系日趋关注，存在几个方面的原因[①]。

第一方面与他战前与战时的体验有关。面对纳粹的反犹政策，他被迫离开德国。他花了大量时间与精力，成功营救了许多家人、朋友和同事，但却没能挽救被关进集中营里的母亲。在营救亲友过程中，他意识到了法西斯主义的高涨，世界大战与犹太人大屠杀向他提出了一个严峻的问题，尽管他对个体心理的动力学已经有深入的研究，但人类的行为必须在团体和社会层面予以研究。

第二方面是受两组实验的影响。一个是他的学生利皮特（Ronald Lippitt，1914—1986）关于民主与独裁领导风格的实验，随后勒温、利皮特及另一个学生怀特（Ralph

---

① Eugene Stivers，Susan Wheelan（editors）. The Lewin Legacy：Field Theory in Current Practice. Springer-verlag Berlin Heidelberg，1986.

White）进行了相关实验，结果揭示了不同领导风格与不同的团体气氛及行为之间的关联。另一组研究在战时展开，在与巴弗拉斯（Alex Bavelas）的合作中，他完成了著名的行动研究，即在战时食物紧缺的情况下，劝说国民改变饮食习惯，食用动物内脏，以缓解前线供应的压力。研究提出了一个全新的社会心理学概念："团体决策"，他对个体行为的影响，要远远大于个体分别独自作出的决策。

第三方面是来自时代精神的召唤。20 世纪 30 年代前后，美国的工业生产得到迅速发展，人们看到了科学、文化和教育的巨大力量，知识与技术从而被赋予了极高的价值。但随之而来的世界大战和经济萧条，使美国一些社会问题变得日益尖锐，通过社会学家和心理学家们的努力，人们对心理测验、科学管理和儿童福利等已产生普遍信任，科学研究可以促进"社会问题"的解决这一观念已逐渐被人们所接受。团体曾一度被看做是调节工厂和集体冲突的关键，家庭和一些目的性社团则被认为是战争动乱之后复兴社会生活的必要工具。同一时期兴起的其他一些专业，如集体心理治疗、社团福利工作、由杜威倡导的新教育以及范围更为广泛的社会管理工作等，都要求对团体和团体生活有一种科学的根本性的认识和理解。这种时代精神召唤着勒温，形成了团体动力学研究的大潮流。

勒温在 1939 年发表了"社会空间实验（Experiments in Social Space)"一文，首次使用了"团体动力学"这个概念，这标志着他已经开始研究团体中各种潜在动力的交互作用、团体对个体行为的影响和团体成员间的相互依存关系等团体心理现象。

团体心理研究需要大量的人力物力和资金支持，为了进一步深入研究，他开始寻找大学与其他机构的支持。1945 年，MIT（美国麻省理工学院）为他的团体动力研究提供了场所，成立了"团体动力学研究中心"，美国犹太人代表大会（American Jewish Congress，AJC）也为他设立了团体关系委员会，研究团体偏见和歧视。至此，团体动力学作为一种专业和学科得以建立。

在勒温的带领下，这两个研究所对当时社会、组织和发展心理学等领域产生了重要影响。即使在勒温去世后，他们的实证研究也不断结出累累硕果，话题涉及领导、团体凝聚力、团体目标、团体标准、团体压力、合作和团体与组织内部沟通等。还有些研究涉及了以组织和团体行动抵抗宗教和种族歧视领域，这些也加深了人们对偏见和团体间敌意的认识。行动研究方法的发展，促进了社会科学发现的应用。

2. 团体动力学的含义与特征

勒温发展团体心理学的目的，是为了对团体心理现象的本质进行科学研究，旨在探索团体发展的规律，如团体的内在动力，团体与个体、团体之间以及团体与整个社会的关系等。

勒温对团体心理学的分析，仍是基于他的场论，这表现在以下几个方面：

（1）把团体作为一个整体，而团体本身又存在于更大的社会场中，这个场又存在许多相互交织的动力关系，如家庭、学校的影响等；

（2）团体中的各成员或各部分相互依存；

（3）每个成员都存在于这个社会场中，即使是成员自

图 60　各成员相互依存

图片采自：http：//www. resourcesunlimited. com/images/meet-ing. jpg

己的问题也都必须从作为团体成员的角度来看待；

（4）把团体和个体活动作为有意义的整体来观察，并把观察单位与其所处更大环境相关联。

勒温认为，这样收集得来的数据，可以从两方面着手分析，一方面是个体成员；另一方面是团体的动力整体。

整体上看，团体动力学有以下几方面的基本特征①：

（1）理论＋实证＋实践。团体动力学以观察、测量和实验来研究团体，有别于弗洛伊德对团体的思辨研究，但又不同于极端经验主义，它十分重视理论的实践意义和价值。

（2）注重研究对象的动力关系和相互依存关系。

（3）多学科交叉。它是心理学、社会学、文化人类学和经济学等的交叉性研究。

（4）应用前景广阔。尤其是随着"行动研究"和"敏

---

① 高觉敷主编，宋月丽等著. 西方社会心理学发展史. 人民教育出版社，1991：148～171.

感性训练"的推广，团体动力学的研究成果已被企业管理、教育、心理治疗、政府与军事等许多领域广泛采用。

3. 团体动力学的基本概念

场论是团体动力学的理论和方法论基础，因此大多数概念和观点都从场论直接沿用过来。比如在研究团体的结构时，仍使用区域、疆界、障碍和效价等概念，进行拓扑学的描述，以便获得对团体整体的一些直观印象，如团体内个体的位置、个体间的邻接或依存情况、外界的影响以及团体的核心人物等。

动力方面则主要涉及团体的潜在生活，常用移动、向量、紧张、目标和力场等概念来表示。这些概念都可以用来解释团体的变化，而变化则被认为是团体生活的根本特征。

此外，团体动力学还提出了一些新的概念和理论观点。

团体心理

勒温研究团体动力学之前，对团体心理的认识存在两种观点的争论。早期心理学家，如麦独孤和荣格等，都倾向于在个体集合的水平上理解团体，但其"团体心灵"与"集体无意识"等术语引起了激烈的争论，因为以奥尔波特为代表的一方，认为只有个体是真实的，竭力反对麦独孤等关于团体心灵的主张。直到勒温开始了团体动力学研究，这一问题才有了较为科学的解决。

勒温反对奥尔波特回避团体心理现象的做法，但也不同意"团体心灵"这一概念，他认为麦独孤的团体心灵带有严重的神秘主义色彩。勒温主张整体仅仅具有自身的特性，它并非大于部分之和，而是不同于部分之和。或者说，

图 61　团体心灵

并不存在一种超越或神秘的整体价值（如团体心灵），整体与个体都是真实的。勒温把团体理解为一种具有心理学意义的动力整体。

勒温的观点并非凭空想象，他根据的是实验结果，这一点与奥尔波特是一致的。奥尔波特认为"这些问题的真实性我们目前还不能以实验研究的手段来解决，因而也就不应该坚持它们的真实性"。同样，勒温明确提出："通过实验来处理某种社会实在，就可以最有效地突破阻碍人们信仰这一社会实在的忌讳。"而且，勒温正是以实验来解决团体心理真实性的争端的。

1937 至 1938 年，勒温、利皮特和怀特一起做了著名的关于"领导方式"的实验，验证了团体气氛、团体目标和团体内聚力等团体性质的心理学意义，肯定了民主领导方式的优越性。勒温当时虽然没有提及团体动力学这一概念，但其实验的结果，却让勒温进入了团体动力学领域。在随后的文章中，勒温首次使用"团体动力学"这一术语，它的基本含义就是要把团体作为一种心理学的有机整体，并在这种整体水平上探求团体行为或人在社会中的潜在动力。

团体与个体

勒温从场论的整体动力观出发，把团体看作是一个动力整体，其中任何一个部分的变化都必将引起另一部分的变化。这种相互依存关系，是勒温团体动力论的要点。

虽然勒温是从早期个体心理动力研究转向了团体研究，并认为团体的行为像个体的行为那样，也是以所有发生影响的相互依存的事实为基础，但是团体的动力必然不等于个体的动力，它具有团体自身的特点和意义。

图 62　团体对个体的支配

从根本上来说，团体是一个包容所有个体的"格式塔"，它不是由各个个体的特征所决定的，而是取决于团体成员相互依存的那种内在关系。虽然团体的行动要由其成员来执行，但团体具有较强的整体性，对个体具有很大的支配力。

因而，一般来说，要改变个体应先使其所属团体发生变化，这要比直接改变个体来得容易。勒温在 1943 年做的关于"改变食物习惯"的研究，完全证实了这种观点。勒温指出，只要团体的价值观没有改变，就很难使个体放弃团体的标准来改变自己的意见，而一旦团体标准发生了变化，那么由于个体依附于该团体而产生的那种对变化的抵抗也就会消失。

团体气氛

勒温并没有给出团体气氛的定义，只是举了几个例子：学校督察员来了，学生们伏案读书，偶尔偷偷瞟一眼老师，被老师叫起来回答问题时脸色黯淡，老师离开后学生们长舒一口气——多么压抑的气氛！教授面无表情地看着对面的学位申请者，只见他坐在椅子边上，咬着手指头，等着教授的第一次发问——多么紧张的情景！诸如此类。

图 63　希特勒营造的团体气氛

图片采自：http://www.rjgeib.com/thoughts/hitler/hitler-reich-stag.jpg

勒温研究团体气氛，是为了进行实验操作和控制，他首先把团体气氛分析为三大因素：社会因素、物理环境和团体活动，继而把社会因素分为三个成分：①团体及其特征；②团体在更大社会场中的位置；③团体中个体的特征。这样，就可以设置各种变量进行实验设计了。

团体结构特征

包括分化程度、分层程度、组织类型和团结程度。

分化程度指的是团体由多少成员或子团体构成。

分层程度指的是成员或子团体如何排列，比如是否因社会地位不同而造成级别差异？等级制度是否森严稳固？比如某些人处于核心地位而显得更为重要，而其他人则相反。按照不同标准划分，可能存在不同的层级结构，比如财富、力量、社会影响、行政权力，等等。

组织类型与分成程度有关，是特定的分层类型，比如是否存在一个首领、副首领、秘书或财务人员，是否有一个董事会等。组织类型对组织的运行机制有很大影响，影响的对称性是一个重要概念，它指的是在一个方向上的影响是否与其他方向相同，这在政策制定上有重要作用。

团结程度是指团体成员间相互依存的程度。是相互合作、紧密配合，还是一盘散沙、各自为政？是受自我中心的敌意影响的一个松散结构，还是团体优先的友好态度下的和谐气氛？

团体动力特征

团体动力特征包括团体目标、团体观念和生活方式等方面。

团体目标，在动力学上和个体目标一样，但有些团体似乎看不出共同的目标，比如我们看到几个孩子在各自玩各种的游戏，或争抢一个球，但如果认真观察它的整个社会场，就会发现一些共同的目标。如果没有共同因素，就不会有团体存在。在勒温及其学生进行的团体气氛实验中，第一次给孩子们开会就明确了他们的任务——"谁想参与面具制作俱乐部?"面具制作就是他们共同的任务。

团体观念,任何一个团体都多少有一种类似于理想目标的观念,它决定了成员的价值观和总体上的目标。为什么一个在部落长大的儿童把顺从看做一种美德,而另一个部落成长的孩子却把敢于挑战权威看得最有价值?这就是团体观念的影响。在勒温及其学生进行的团体气氛实验中,团体观念是一个主要操作变量,它有 3 个水平:民主、独裁和放任。

生活方式,如果把团体观念看成公认的目标和价值观,那么生活方式就是朝向目标行动时,大家公认的思维方式和行动方式。比如同样的表示友好,愿意握手而不是相互碰鼻子,就是一种生活方式的选择。在勒温及其学生进行的团体气氛实验中,生活方式也是一个主要操作变量,是团体观念的具体体现。

团体在更大社会场中的位置

正如研究个体时,不能把他孤立起来、必须从他与别人的相互依存中找到动力关系一样,研究团体也不能把团体从更大社会环境中割裂出来。对于一个团体成员来说,他处于许多团体相互交叠之中,具有许多相互依存的区域。在勒温及其学生进行的团体气氛实验中,孩子们的学校、家庭生活的变化,都可能对他们的实验产生很大影响。为了尽可能减少这种不可预测的影响,他们选择的孩子,相互之间都不存在朋友关系。

团体活动的特征

团体活动原本属于团体动力特征,与团体目标有关,但勒温把他单列出来,是为了强调他的特殊影响。比如,让一个小组讨论如何给面具涂上颜色，与让他们各自为面具画出自己设想的颜色，在团体结构上就有很大不同。有些活动需要高度统一的团体结构，而有些则给个体留下了较大的自由空间。勒温及其学生在进行的团体气氛实验中，选择了做石膏面具的活动。该活动有几点好处：不仅对孩子来说新鲜有趣，更重要的是可以包含许多步骤，既能够合作，又能够单独完成，而该实验正好利用这一点，让民主组先做，第二天就可以把民主组的步骤拆解成独立的部分，以命令形式指导专制组去做，这样就保证了两组的进度能够一直平行下去。

4. 团体动力学的技术方法

行动研究

行动研究（action-research），正如其名字那样带有社会实践性，就是对各种社会行动的条件和效果进行对比研究，并由此指导社会行动。

行动研究包括一系列计划、行动和对行动真实结果的反馈，最基本的流程如下：

第一步，根据现有工具手段，认真检查当前想法、观点、思想，然后找出与当前情境有关的更多事实。如果计划得好，就会出现两个结果：其一是如何达到目标的通盘计划；其二是采取第一步行动的决策。一般情况下，这个计划已经对原始想法做出了改动。

下一阶段就要致力于执行第一步的通盘计划。在高度发达的社会管理领域，比如现代工厂的管理或战争的执行，这第二步就需要寻找一些不断出现的事实。勒温以战争为例，第一步若要计划轰炸德国某一工厂，计划执行后，紧

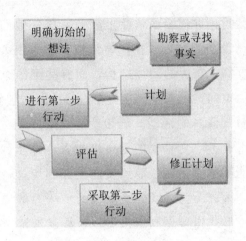

图 64　勒温行动研究的流程

跟着就要有一架勘察飞机，尽可能精确客观地报告新的情况。勘察有四种功能：①评价行动和预期的差异；②收集新情报、形成新见解，给予行动者以学习机会；③为下一步行动提供依据；④作为修正通盘计划的依据。

下一步，又是一个计划、执行、勘察的循环，其勘察同样为本阶段提供了评价依据，也为第三步的计划提供了合理依据，同时，也可能需要据此继续修改通盘计划。理性的社会管理正是这样一个计划、执行、勘察不断循环、螺旋上升的过程。

按照这种方法，就能让社会实践保持"正确"，而不是写到纸上的"好看"。但在应用时，必须注意被试所处的"文化和心理力的矩阵"。在勒温应用行动研究时，的确存在一种张力——他们提供了一种变革的理性基础，但发现人们由于受到文化和社会知觉影响，而在能力上存在局限。行动研究在风行 10 多年后，的确因与激进的政治行动有牵连而一度衰落，但后来又再度兴起，主要应用于小规模社

左侧竖排：世界著名心理学家 勒温

团领域分享式的行动研究，目的是提高参与者社会实践的理性和公正性，并促进对实践过程和实践情境的理解。

行动研究体现了勒温学术生涯的指导思想：心理学不能只求对行动的解释，还要努力改变人们的行为，使人们生活得更好。他为我们留下了一句名言："没有离开研究的行动，也没有离开行动的研究。"

勒温的敏感性训练就是行动研究的一个特例。他的学生库克（S. Cook）和塞尔梯兹（C. Selltiz）等人所做的关于如何改变公众态度的著名研究，也成功运用了这种行动研究技术。他们把研究结果及时反馈给被试，并与他们讨论这些结果的意义和改进行为的方法，以信息反馈来影响被试的态度改变。

敏感性训练

敏感性训练，又称 T 小组（T-group，basic skill training group），是一种具体的训练技术，其目的是训练人们的社会敏感性、提高适应团体生活的基本能力。它的产生，还有一段有趣的故事。

图 65　户外运动形式的敏感性训练（T 小组）

图片采自：http://fablar.in/outdoor_training

1946 年夏天，在团体动力学研究中心，勒温和他的 3

个同事参与了一项关于领导和团体动力训练的课程，他们的服务对象是康涅狄格州种族协调委员会。他们进行了两周时间，内容是鼓励团体讨论和制定决策。参加人员主要是教育工作者、政府官员和一些社会科学家，共60人。他们白天在以小组为单位的团体中进行讨论和训练，晚上勒温便与学生们一起，对白天的团体行为表现进行研究和分析。

一天晚上，3位小组成员来到勒温的办公室，要求听一听勒温和学生们对他们表现的讨论。研究者们感到很别扭，勒温开始也感到有点为难，但最终还是同意了。其中的一位妇女当听到研究者对她的分析和评价时，显得有些激动，她认为研究者完全误解了她的行为，并且坦率地讲出自己当时行为的真实想法和感受。另一个参与者也认为如此，这使得当天的讨论变得非常热烈和活跃，也非常具有启发意义。小组成员参与研究者讨论的消息很快传开，其他成员纷纷要求参与讨论。

第二天，超过一半的团体成员参与了勒温及其研究生的分析讨论。在会议上，这些小组成员反宾为主，成了讨论会的焦点。他们成了自身心理与行为的最好解释者，为研究者提供了极有价值的反馈，同时也是最好的观察者。会议将近结束时，几乎所有小组的成员都参与了进来，热烈的讨论一直进行到深夜。

在会议中，勒温对观察者与解释者之间的差异一直做着积极的反应，就这样一项新的训练方法诞生了，这就是"敏感性训练"。他正是利用了这样一种现象，即在对话的张力中，在即时的具体经验与相应分析的冲突中，使学习得到了极大的提高。这种方法，以一种开放的气氛，把受训练者的即时经验和研究者的概念模型结合了起来，使各方的观点能够相互砥砺，创造了一种活跃的、富有创造性的学习环境。

这次事件不仅产生了一种新的训练方法，也诞生了一个新的训练机构：团体发展国家训练实验室（NTL，National Training Laboratories）。虽然此时勒温已经去世，但他的愿望已经为该机构所实现，其主要做法"基本技能训练"，正是来自勒温的设想。后来这一做法简称为"T 小组"。

图 66　NTL 标识

图片采自：http://iwhale-time.blogbus.com/

敏感性训练的基本做法是，在团体训练过程中，心理学家通过观察定期作出报告。让被研究者也参与研究，把心理学家的观察与当事者的自我感受结合起来，在一种坦诚的团体气氛中，让人们学习如何与人相处，学习对自己以及对他人的"敏感性"。在训练中，要学会的技能之一，是帮助个体起到一种"变革代理人"的角色。变革代理人就是能促进沟通和有效反馈的一种角色，他必须理解团体动力学，清楚变革的需要，能够诊断出问题所在，能够做出并执行变革计划，并评价结果。

在后来发展的 T 小组训练中，人们明确了它所包含的4 个要点：

（1）反馈：这是勒温从控制论中借来的概念，在这里用来描述根据结果或效果来调整的过程。期望结果和实际结果之间的差异非常重要，但组织、团体和人际关系间缺乏的正是这方面的真实信息。因此，反馈是 T 小组训练的一个关键成分。如果能够对正在发生的事情进行近距离的观察，并与其他小组成员相互检查，就能够减少对事实的知觉扭曲，T小组就能发挥最大效力。

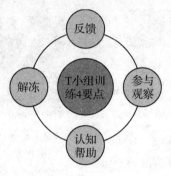

图 67　T 小组训练 4 要点

（2）解冻：这个概念直接来自勒温的变革理论，它描述的是一个人先前信念系统产生松动的过程。要有变革行为，必须先有变革的动机。人对于自己和自己与他人的关系，总会有些珍视多年的假设，人必须要学会重新检查它们。训练者就是要想方设法创造一种情境，挑战人们固有的信念和价值观。

（3）参与观察：投入地参与到小组中，并客观观察自己和其他小组成员的言行举止，把具体的体验和分析结合起来。这一点比较难，许多参与者会产生抵触，但要想学习和发展，这是非常必要的。

（4）认知帮助：这一点是从后来发展的认知行为团体治疗中借用的，已经不是原来的 T 小组形式了，因此并不是必须的。一般是通过一些简介性讲座、阅读材料或视频，提供一些范例，在教室中即可进行，参与者也被视为学生。这时，T 小组的任务是促进成员的学习。

图 68 交心小组

图片采自：http：//www.cartoonstock.com/

在勒温发明敏感性训练方法后，美国陆续出现了许多类似的团体辅导与训练课程，诸如人际关系小组、个人成长团体、人类潜能开发小组等，罗杰斯把这些机构统称为"交心小组"（encounter groups）。交心就是指人与人之间心灵的沟通与交流，概括了这些辅导训练团体最突出的特征。它们本质上是一样的，都强调人际关系经验，重视情感问题，而非智力问题，目的是促进个人人格的发展，如了解自我、增强自信、寻求意义、改善人际关系等等。

图 69 嬉皮士：道德与精神的危机

图片采自：http：//www.republicanrebel.com/

但正如所有强大的工具一样，敏感性训练如果被误用，也会造成不可估量的恶果。20 世纪 60 年代，团体运动因涉嫌和嬉皮士有关，而受到了批评。一些在加利福尼亚北部进行的会心团体涉及裸体的参与者，人们因此推断所有的团体心理咨询都演化成了纵欲的狂欢，团体运动因而被指控为引起年轻人中社会动荡的一个因素。20世纪60年代后期，加利福尼亚开始了反团体运动。有人甚至提出，团体心理咨询是破坏年轻人的心智的阴谋。的确，在有些团体运动中存在不适当的培训，过分强调揭示人们的问题，并一味"跟着感觉走"，而不去关注一个人对于其他团体成员造成的影响。20世纪70年代以后，由于重返社会技能训练和生活技能训练的发展，团体心理咨询重新得到承认。

卡尔·罗杰斯评论说："敏感性训练或许是本世纪最有意义的社会发明。人们对它的需求越来越广，它是在美国发展最为迅速的社会现象之一。它已经渗透进工业、教育、家庭和职业训练等许多领域。"

图 70　制作石膏面具

图片采编自：http://www.macbilung.com.tw

5. 团体动力学的经典实验

领导方式和团体气氛

勒温不仅是一位心理学家，也是一位活跃的社会活动家，他与杜威一起，被称为美国倡导民主的学术先锋。勒温认为"民主是学会的，而专制是强加于人的"①。他和他的学生对领导方式和团体气氛的研究，也正揭示了这样的主题。他们先后进行了两次实验。

1937年的首次实验，是在勒温的指导下，利皮特所做的硕士论文研究。利皮特本人做实验者，首先把年龄、性别、学习成绩和家庭状况等方面都相仿的11岁小学生分成两组，每组各有5个孩子，5位观察者负责记录，记录内容包括整个团体的发展情况，及所有孩子以及领导者的行为。孩子们每天放学后，都到实验室来做面具及其他建筑性游戏活动，一共聚会11次。在其中一组，利皮特扮演民主型领导，而在另一组中，他扮演专制型领导。民主型领导作风是：鼓励组员们讨论和决定小组活动的方针，制定小组达到的目标和步骤，领导人在讨论中以普通一员的身份发表建议，供大家讨论选择，待大家意见基本一致时，概括几条让大家表决，对组员的奖与罚都充分地征求大家的意见，力求公道客观。专制领导作风是：自己一人决定作业中的一切方针，如讲解技术、指定各人职责，指定小组成员的互相组合、对组员的奖与罚等都由自己说了算，谁做得不对就训斥谁，没人情味，领导人和小组成员保持一定距离。开始时，两组孩子的行为表现大致相同，随着实验的进行，两组很快就表现出差异，而且差异越来越明显。在专制型领导的小组中，孩子们常常发生争吵，相互怀有敌意，领导一离开，就停止工作，甚至破坏自己的产品，捉弄别人；而在民主型领导的小组中，则是一种友好

---

① Lewin K. Resolving social conflicts & Field theory in social science. American Psychological Association，1997：66

的气氛，表现出较强的内聚力，即使领导不在，孩子们也能和谐相处，制作他们的产品。根据这次实验，利皮特写成了《一项关于民主和专制群体氛围的实验》（1940）一文。

1938 年，怀特来到爱荷华大学做勒温的博士后研究。出于对政治科学的兴趣，他便在勒温的指导下，对利皮特的团体气氛和领导方式研究进行了深入的实验。他们仍以 11 岁孩子为被试，做类似的游戏活动。只是把人数增加为 30 人，并分成 6 组，每两个组采用一种领导方式，分别为民主、专制、放任 3 种领导作风。民主与专制领导作风与上述研究相同，放任领导作风是：基本上放弃领导，对组员的作业活动不管理、不评价、不参与，只有当组员主动提出要求时，才提供有限的情报，否则就放任自流。增加了"放任组"和"放任型领导"。考虑到被试的个性因素，他们在实验中增加了一个转换阶段，也就是在第二个阶段，使用另一种领导风格。这样，每个孩子既能得到专制型领导的体验，也能得到民主型领导的体验。

结果表明，小组成员的行为明显受到了领导作风的影响：

（1）放任组的工作做得少，质量差，但人际关系相处较好；

（2）民主组完成了工作任务，质量好，对工作发生了兴趣，因而比较自觉，领导人离开时，仍旧认真工作，表现出了创造性思维；

（3）专制组虽然也完成了工作，但质量不高，缺乏独创性。对领导人有很大的依赖性，领导人离开时，马上停止工作，还表现出攻击行为和冷漠行为，破坏财物。

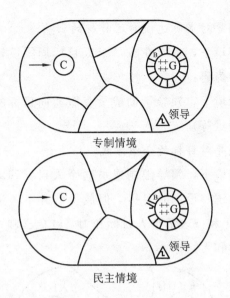

专制情境

民主情境

图71 不同领导对成员达成自己目标的影响

这次研究的结果以"在人为社会氛围影响下侵犯行为的形式"为题发表。最后，他们用自己的这两个阶段的研究结果写成了《专制与民主——一项实验研究》一书。勒温在书中对上述实验做了总结。总体上而言，民主型领导优于专制型领导。除了上述结果，勒温还指出，与民主组相比，专制组不是更放肆就是更漠然，放肆行为往往在领导不在时爆发，这表明他们的冷漠是受领导压抑的结果。当实验安排的攻击施加于各小组时，专制组的士气很低，并有"散伙"倾向。而民主组则变得比攻击前更加团结。最有趣也是最令人迷惑不解的是，从民主气氛过渡到专制气氛，要比从专制气氛过渡到民主气氛更容易。

勒温在分析这些实验时，使用拓扑图进行了力场分析，清晰表明了不同领导风格的不同效果，我们这里试举几例。

不同领导对成员达成自己目标的影响

专制情境下，领导在成员个人目标周围设置了不可逾越的社会性障碍；

民主情境下，领导帮助成员克服通向目标的障碍（如任务上的困难等）。

不同领导对目标的介绍方式

专制情境下，领导限制成员向个人目标移动，诱导他们移向由他统一设定的目标，但成员们并不一定接受该目标。（黑色＋和→表示个人目标和力，红色＋和→表示领导介绍的目标和力）；

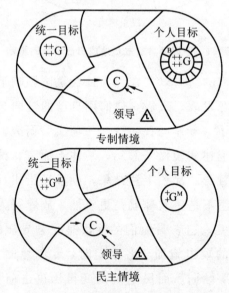

图72　不同领导对目标的介绍方式

民主情境下，经过领导和成员协商选择哪个目标更有趣（粗黑的效价，更多＋）。

不同风格领导介绍达到目标的路线

专制情境下，领导只开放一条通往共同目标的路线

（P²），而封堵了其他途径。

民主情境下，领导协助成员建立几条通往共同目标的可选择途径，成员可以自由选择自己喜欢的路线（C 个体选择了 P²）。

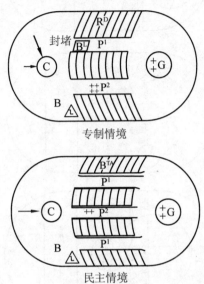

专制情境

民主情境

图 73 不同领导对达到目标路线的介绍

团体移动的特征

a. 在讨论区域，成员 1、2、3、4 和 5 共同制定了一系列通向最终目标的步骤，如图 74（a）。

b. 经过团体协商，成员分为 3 个小团体，分头工作，进行第一步移动。

c. 三个子团体完成分工，再次协作，共同移向第二步工作。

领导对时间视野的影响

a. 开始的情景，对于两个小组来说，是相同的：他们都是头一次，面临的都是未结构化的一个场。

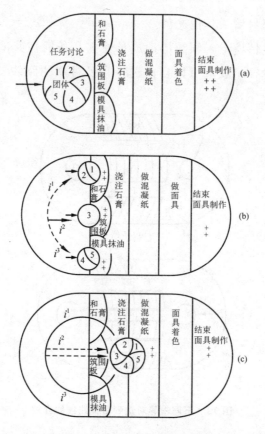

图 74　团体移动的特征

b. 专制情境下，领导只给孩子们了解马上要做的第一步；即通向最终目标必须经过的第一个区域。孩子们对于将来要做的其他步骤，都不清楚。

c. 民主情境下，领导与成员共同协商，制订计划，每个成员对将来要做什么，都有一个清晰的结构。通向目标的各个步骤（$R^5 - R^8$），不只为领导所独有，而是每个成员都了然于胸。

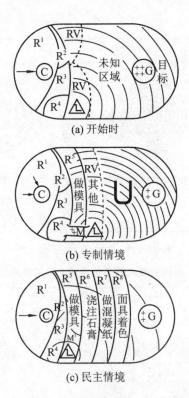

图 75　团体移动的特征

社会权力场关系

表 2　各种社会权力场关系

	专制情境下	民主气氛中
不同领导风格下强度和区域	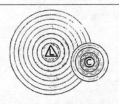	
	领导的社会影响力大约是孩子们平均值的三倍，大约是民主性领导的两倍。（权力或影响力的强度由线条多少、密度和线条的扭曲程度表示）	领导的权利强度比孩子们的大不了多少。

127

	专制情境下	民主气氛中
不同领导风格下交叠权力场影响力的性质差异		
	专制组中，成员与领导的权力场交叠时，成员的影响力弱化或被剥夺。	民主组中，领导的影响力反倒增强了每个成员的影响力。

团体结构：领导与个体的角色与行为

表3 不同领导风格与领导和个体的角色与行为

	专制情境下	民主气氛中
不同领导风格下领导的核心作用和可及性		
	领导处于团体的核心区域（S^c），或称政策制定区域，很少受成员 C^1—C^5 的影响，成员们处于边缘状态，与领导之间有一堵墙，即由领导的社会权力构成的障碍。	领导依然处于核心地位，但团体中心区域向成员开放，领导与成员之间的相互依存关系是对称的。
不同领导风格下子团体形成的自发性	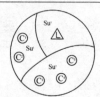	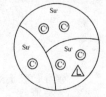
	子团体由领导指定，谁与谁在一起工作由领导说了算。	子团体是成员根据自己的意愿自发形成的。

	专制情境下	民主气氛中
不同领导风格下个人在团体中位置的独特性	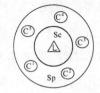	
	专制情境下，领导眼中的每个孩子，都有相同的个人结构（$C^1 = C^2 = C^3 = C^4 = C^5$），他们的个性被忽略，也不能在团体中形成独特地位。	民主情境下，每个孩子都有不同的个人结构（$C^1 \neq C^2 \neq C^3 \neq C^4 \neq C^5$），最后，在团体中各自都能形成更为重要的独特地位（$S1 \neq S2 \neq S3 \neq S4 \neq S5$）。
不同领导风格下成员的行为差异	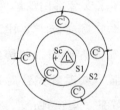	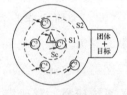
	孩子们相互争斗，力争获得更重要的社会地位（S^n）（箭头为努力方向）。	重要的社会地位对于每个人来说都伸手可及，个体的努力方向更多的是团体目标上的合作成果。

改变饮食习惯

要想改变人们的饮食习惯并不容易，许多旨在改善营养结构的探索都最终落空了，但至少有一个非常成功的例外，那就是勒温进行的一项研究。这项研究中展示了勒温的一些重要理论和实践创新，如社会渠道、看门人（gatekeeper）与团体决策等。

社会渠道及其控制者——看门人

在第二次世界大战期间，美国前线的肉食供应吃紧。为了保证前方将士的供应，美国政府决定，动员后方的美国人改变饮食习惯，食用其他富含蛋白质的动物内脏，如心脏、肾脏、脑、胃、肠，以及猪、牛、羊和鸡的蹄子、耳朵和头，以代替原来习惯食用的牛肉、牛排等。但如何劝说民众改变习惯，这显然是一项富有挑战性的工程。

美国国防部征调了玛格丽特·米德和勒温以及其他当时最著名的心理学家、社会学家、人类学家、食品科学家、营养学家，甚至家庭经济学家，商讨如何促成这次变革。

勒温自从1940年加入美国国籍，很快就因为他独特的问题解决方法，成为了美国国家安全部门的顾问。

"人们为何这样吃？"这个问题实际上要比想象的复杂得多，它涉及了文化和心理等方方面面，如传统、个人爱好、交通、农业、经济等方面。勒温首先针对这一问题进行了系统研究，其研究方法就是"渠道理论"，也就是首先要弄清楚"食物是怎么到了餐桌上"。

勒温仍旧以拓扑图来表示食物来源的不同渠道。

一条渠道是从商店买来，放到菜橱里备用，然后拿来烹调，最后到了餐桌。另一条是从菜园里来，当然还有其他途径，如邮寄来、从乡村买来、自家烤制或罐装食品等等。不同的渠道、不同的食物各有不同的步骤、不同的保存时间。要确定饭桌上出现什么食物，就要知道这个家庭或团体有多少食物渠道，其中一些渠道堵塞后，会有哪些新的渠道开放。当然，食物不会自己跑到嘴边，它需要人来移动，人是决定进入哪个渠道或哪个环节的关键，这个人就是所谓"守门人"。因此，首要的任务就是找到这个守门人是谁。

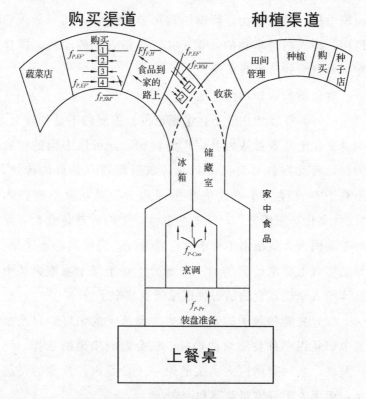

图 76　食物来源的不同渠道拓扑图示例

按照常理，是作为一家之主的丈夫决定着食物的偏好，但勒温的看法与此相反。按照他的场论，当饭菜放到桌子上时，丈夫不管喜不喜欢，也就吃了，顶多发发牢骚，小孩子更是如此。显然，负责买菜的家庭主妇们控制着渠道的选择。找到看门人，是改变饮食习惯的第一个关键，而不是把宣传工作对准儿童和丈夫们。

看门人的力场分析

找到食物渠道的控制者后，就要分析影响渠道控制的心理力场。勒温认为，影响因素可分为两类，其一是认知结构，即人们对事物的认识；其二是指人们的动机，即食物选择背后的价值观系统。

对食物的认知结构包括：

（1）哪些食物在或不在考虑范围。重要的不是物理上，而是文化上是否被认为可以作为食物。这可以中国的饮食为例，南北方各有自己的口味，东西部均有各自的传统，不看千奇百怪的小吃，单看所谓几大菜系，就不愧作为"饮食文化"来研究。对于有些部落，生蚂蚱就是食物，而对于美国人，就根本不考虑。也就是说，食物的心理区域，只是客观上能吃的食物的一小部分。对于某个家庭、某个具体的人来说，食物的心理区域就更狭窄了。

（2）丈夫和孩子的食物。丈夫和孩子的偏好，以及家庭主妇觉得哪种食物对他们好，也会影响渠道的选择。调查发现，当时美国白人丈夫的第一主食是肉，儿童的是蔬菜，而黑人则分别是蔬菜和面食。

（3）餐饮结构。包括早中午餐吃什么、主餐和甜点的区分、剩饭菜怎么处理等。

（4）就餐环境的意义。一起吃饭会带来对某一团体的归属感，其意义远非摄取一些营养。在宴会上吃饭更多的是代表一种社会功能，与填饱肚子意义大相径庭。每一种团体的就餐活动，都具有一种特定的文化内涵。

食物选择的动机，包括选择背后的观念、食物需要和需要克服的障碍。

图 77　食物来源的不同渠道拓扑图示例

图片采自：http：//www. zcom. com/article/5453/

（1）评价某种食物至少可以考虑四个方面：花费、健康、口味和地位。具体到某一团体，就要考虑该团体有哪些价值观、哪种最主要及它与哪些食物相联系。

（2）食物需要也会因为情境、厌腻或文化力量的改变而变化。比如到了月末，发现钱包瘪瘪，就会改变选择。

（3）需要克服的障碍，也是一个非常重要的因素。比如罐头食品很受一些人的青睐，就是因为他免掉了许多制作上的障碍。

上述认知结构中，不同动机会对守门人产生不同的力，难免会产生冲突。而购买行为取决于促进和阻碍两种力量的平衡。先前大多数试图改变饮食习惯的努力之所以失败，就是因为只强调了如何提高消费动机，如饮食营养和爱国，而勒温相信，应该找到到底是什么阻碍了一些人食用动物器官。通过减少阻力，勒温相信，可以协助主妇和厨师们改变采购和做饭的习惯，从而促进整个国民的饮食习惯变革。

变革的实施——团体决策

明确了看门人渠道选择的认知结构和动力机制，下一步要做的，就是怎么劝说这些看门人，让他们认可这些食物，知道它们也是可吃的、美味的，并知道如何去制作，如何去介绍给家人和顾客。这是第二个关键。

勒温提出了一系列改变食物习惯的方法：①改变食物的供应；②改变食物选择渠道；③改变饮食心理，如"其他民族是吃动物内脏的，我们也能吃"；④改变参考系（宣传）的力量或内容，比如战时宣传的"为了国家强大要吃好"；⑤在饮食团体中引起归属感的改变等。勒温在本次研究中使用的是一种快速见效的团体动力学方法——团体决策。

按照勒温的团体动力学，如果个体归属于一个采取某一行动的团体内，他与团体行动保持一致的可能性就会很大。根据这种团体动力特征，勒温进行了这个著名的食物习惯改变实验。

食物习惯改变实验

他将来自不同经济状况的家庭主妇分为两个大组：团体决策组 A 和讲座劝说组 B，每个组又按经济状况各分为三个小组：低收入、中收入和高收入，每小组 13～17 人。开始时，两组都参加同样的培训活动，如了解美国参战的意义及支持军队的责任、动物内脏的营养价值及相应的烹调技术等，并发放文字材料。然后，实验者在 B 组中只是劝说其成员，希望她们以后能够食用动物内脏。而对于 A 组被试，则简要介绍 B 组的培训内容，其他时间留给成员们讨论。讨论中由领导人谈到当前国家在改变民众食物结构时遇到的困难，并把她们作为家庭主妇的代表团体，征求她们的意见，怎样才能成功地呼吁像她们一样的其他团体。并一步一步引导成员，把问题具体化，如到底哪些因素存在障碍，再由专家详细说明如何克服遇到的困难。最后让大家"举手表决"，是否能为承担起责任而做些什么。这里勒温有意安排让假被试先举手，利用"从众"现象的规律，在助手们的带动下，A组中的成员纷纷举手，大家一致通过尝试新的食物。

实验后第二周，研究人员对上述 6 个小组一周内的饮食情况进行追踪访谈调查，结果（主要指动物心脏、肾脏和脑 3 类肉制品）如下：

表 4　食物习惯的改变（人数百分比）[①]

	团体决策组				讲座劝说组			
经济状况	低	中	高	总体	低	中	高	总体
小组人数	17	16	13	44	13	15	13	41
开始食用一种以上推荐的肉制品	35	69	54	52	15	13	0	10
开始食用一种很少尝试的肉制品	20	53	54	44	0	8	0	3
开始食用一种从未尝试过的肉制品	13	36	50	32	0	8	0	3
开始食用一种以上从未尝试过的肉制品				29				0

总体上看，讲座劝说组的成员只有 10％ 的人真正采取行动，而团体决策组成员中超过 52％ 的人都已经开始购买与食用动物内脏。对于从未尝试过这 3 类肉食的人，改变他们的食物习惯具有相当的难度，但采取行动者在团体决策组中也达到了三成，而在讲座劝说组中则为零。

---

① Lewin K. "Forces Behind Food Habits and Methods of Change" in：The Problem of Changing Food Habits：Bulletin of The National Research Council Washington D C：National Research Council and National Academy of Sciences，1943（10）：35～65.

　　研究说明，营养师等人的劝说在团体决策情况下的效果，要远远大于仅仅讲座劝说的效果。而且，即使是在具有强大阻碍的饮食习惯的改变中，团体决策的方法也能奏效。

　　经过多次实验，勒温发现，无论是训练领导、改变饮食习惯，还是犯罪、酗酒、偏见等方面的经验，都表明，从改变整个团体入手来改变其中的个体，远比一个一个地单独改变个体要容易得多。其中体现的，就是整体比部分重要得多的场论的基本原理。

　　在这类实验研究的启发下，勒温开始把这种方法广泛运用于社会工程上。他提出改变社会最好分3个阶段来进行：第一，"解冻"或减少与团体过去标准的关联；第二，引进新标准；第三，坚实地建立在新标准上的"再冻结"过程。在这3个阶段中，个体参与团体决定，这样比单独向他们提出改变的要求，效果要好得多。这一点我们将在第五章的变革理论中详细介绍。

第五章 发展与应用

　　勒温在其学术生涯的顶峰突然离世，这对他所创立的诸多有待发展的领域来说，是不可估量的损失，但他创立的勒温传统并没有就此中断，他的心理学思想在后继者的不断努力下，逐渐深入，影响也日益扩大。本章主要介绍勒温心理学的发展与应用，第一部分介绍勒温传统的形成与发展、团体心理学的发展历程，并对其中的几个"生长点"，如行动研究、变革理论、未来展望技术及所谓"新勒温"理论进行较为详细的介绍；第二部分是介绍勒温思想对其他学科发展的影响与促进，以及勒温思想在现代生活各领域的实际应用。当然勒温心理学的发展与应用之间并没有明确界限，勒温心理学思想的一个特色，就是在发展中应用，也在应用中发展。

一、勒温心理学思想的发展

1. 勒温传统

勒温传统的特征

　　当代社会心理学受三大思想传统的影响：精神分析、行为主义和勒温传统。不管从研究方法，还是研究对象上，勒温都带来了无与伦比的冲击。

1988 年，美国心理学家谢丽·帕特诺（S. Patnoe）出版了《实验社会心理学叙述史》一书，该书副标题就是"勒温传统"。显然，作者把美国当代的实验社会心理学，看作主要是勒温的思想与方法的进一步发展。有学者把勒温传统归纳为以下 4 个方面[①]：

（1）实验性。用实验来验证从理论中提出的假设，由此建立理论的效度，这是勒温传统历来的方法特征，也是现代实验心理学的通用做法。在早期个体心理学研究中，勒温和他的学生对行为动力的研究，如利用未完成任务实验，证实了心理张力系统的存在；对报复水平的研究，证实了关于目标在心理场中的动机作用等等，都是实验性研究。到美国以后，他转向了社会心理学，在研究中他一直秉持一种深刻的信念：唯有以实验的研究和经验的理论为基础，社会心理学才能够成为一门真正的科学，真正地造福于人类社会。这种实验研究，为社会心理学的发展开辟了一条新途径，因此，后人把勒温看做是实验社会心理学的创始人。

（2）务实性。勒温传统始终面向生活、面向社会，正如他的名言：好的理论最实际，已经广为人知，因为只有能解决现实生活问题的理论，才能称得上好理论。不仅如此，勒温一生都重视民主的价值，而且不断努力尝试实践此价值。早在德国柏林期间，勒温就开始关注以政治、经济及心理－社会的脉络来看工作组织中的社会化问题。他还曾研究过打字员、农夫、工人的工作条件的改善。他致

---

① 郭本禹. 心理学经典人物及其理论. 合肥：安徽人民出版社，2005.

力于呈现劳工生活的主观经验，并且想办法促进工作职场中的民主化。在 1932 年的《拓扑心理学原理》一书中，他就曾用过一个纺纱厂女工的例子来说明生活经验对心理场的影响。勒温到了美国之后，便开始根据战争的需要选择课题，比如他和同事们进行的改变国民饮食习惯的研究，就取得了可喜的成果。之后他又鼓励他的学生们设计一些训练实验，使督导们更能有效地赢得员工们的合作及信任，并提升士气等。后来，勒温等人组建了美国心理学会社会问题心理学研究分会，专门探讨战争与和平、贫穷与种族偏见等社会现象的心理学问题。

民主与效率

1933 年，为逃避纳粹而逃至美国后，勒温仍然关心工作职场的问题，他应友人马洛之邀至一家位于弗吉尼亚郊区的工厂哈伍德制造厂研究劳工的管理问题。

马洛是这家工厂的主管，他们训练了 300 位无经验的工人，这些工人主要是需要工作的妇女，工作速度慢，流动率也高。

勒温建议的方式是减少对个别员工的施压，而以小团体的方式来管理员工，并透过小团体的方式来探求合理的工作标准。逐渐地，勒温的建议被资方及管理阶层所认可。

这段合作关系长达 8 年。

之后，有更多的工厂组织找勒温合作。勒温主要的工作目标不外乎是让工人自己决定他们的效率，掌握他们自己的工作进度，制定他们自己的工作目标等参与式管理方面的努力。

除了提升效率之外，工人小团体内的民主实践也达成了。①

（3）认知性。从德国移居美国后，勒温的拓扑心理学所面对的是行为主义的强大势力。作为格式塔心理学家，像其他成员一样，勒温也受到了操作主义和新行为主义支持者的猛烈攻击。在这种条件下，勒温坚持发扬格式塔心理学的传统，把具有认知色彩的生活空间、张力系统和准需求等概念融进他的理论中，并对行为主义的简单化倾向提出批评。受勒温理论中的认知概念影响，后来兴起了认知革命，新的新行为主义者们也纷纷在行为模型中纳入认知概念，如托尔曼的认知地图等，在社会认知领域，发展了海德的认知平衡和归因理论，费斯廷格的认知失调理论等。因此，勒温在开创当代社会心理学传统的同时，也开创了社会认知这一新的研究领域。

（4）整合性。勒温传统的整合性，不仅表现在他灵活运用了不同学科的概念，也表现在他对个体与团体心理现象的场论分析，还表现在他对不同流派观点的兼收并蓄，更体现为他把理论、实践与自己的公民责任相融合的实践。20世纪一开始，心理学便面临着学派的纷争，勒温从中看到了整合的需要，也感受到了一种责任。他在其《人格动力理论》的前言中说："我深信，今日的心理学，正面临着对学派的超越；而促进心理学的这种发展，正是我们努力

---

① 刘惠琴. 社会心理学中的热情传承. 应用心理研究, 2006, 31: 141～155.

的方向①。"在 30 年的学术生涯中，他逐步实现了这一整合理想。

在个体心理学研究中，他首先提出了一套统一的或标准化的语言，以便为心理学众多分支提供一种综合性的基础。在场论思想成熟后，他便以此来促进心理学各个学派的整合与统一。他以格式塔心理学的整体观，整合了弗洛伊德精神分析的动力观，又吸收了托尔曼目的行为主义的中介变量说，创造性地综合了格式塔、精神分析和行为主义三大学派。这种整合基本上已经被三大学派共同接受。

当转向社会心理学时，勒温便以团体动力学为基础，来实现整个社会科学的整合。1908 年，麦独孤和罗斯分别以心理学家和社会学家身份出版了各自的《社会心理学》教科书。此后，社会心理学中便开始了"心理学家的社会心理学"和"社会学家的社会心理学"的界限和区分。直到勒温涉足社会心理学，两者才有了整合和统一的基础。

勒温传统的传承

作为一种研究风格，勒温传统至今一直在延续，这表现在几个方面：

（1）研究方法上，当代社会心理学的发展方向，仍然是勒温传统，即他所创立的"实验的社会心理学"。勒温创立的是一种"实地研究"（field research），它以密切联系生活和解决具

图78 普罗尚斯基

体的社会心理问题为基本宗旨，已成为当代社会心理学家

---

① Lewin K. A dynamic theory of personality. New York：Mcgraw-Hill Book company，1935：1.

所必备的基本技能。

（2）研究对象上，态度变化、人际关系和小团体研究曾是社会心理学中的一个传统课题，它在 20 世纪 30 年代已引起人们的注意，虽然在 20 世纪 50 年代被一度忽略，但在当代社会心理学中，却又重新占有了重要地位。

（3）研究旨趣上，当代社会心理学中的应用方向正是延续了勒温传统的务实性。1936 年，勒温等人创立的"社会问题心理学研究会"（The Society For The Psychological Study Of Social Issues，SPSSI），一直是应用社会心理学发展的中坚力量。1972 年，该学会的主席纽约城市大学研究生院院长普罗尚斯基（H. M. Proshansky），在他的就任讲演中说："从 1936 年该学会创立以来，它便一直关心如何把行为科学研究应用于解决当代人的主要社会问题。"从 1980 年开始，该学会筹集资金召集专家，编辑出版了《应用社会心理学年鉴》，出版者在每一卷年鉴的封面上都附有这样一段说明："……继承库尔特·勒温传统，本学会一直致力于既具有理论意义，又具有社会实际效益的研究。以此为目的，本学会承担了这一套新年鉴的编辑工作，旨在介绍与宣传社会心理学研究所接触到的社会问题的广泛领域。"从年鉴的内容来看，应用社会心理学的发展已成为一种趋势，它体现了勒温传统的意义和价值。

勒温传统的分裂

作为格式塔心理学家，像其他成员一样，勒温也受到了操作主义和新行为主义支持者的猛烈攻击。尤其是在爱荷华时，在新行为主义者斯宾塞（Kenneth Spence，1907—1967）担任美国心理学会主席期间，勒温经历了强大的张力和冲突。好在他已经建立了自己的研究网络，也有了资金支持，并有一群年轻忠诚的追随者，因此他能够从容以对，甚至能以友好方式处理扑面而来的攻击。导致派别相争的不仅是学术观点上的争执，还有很大成分与各派在学术圈子里的地位与利益有关。在1944年美国心理学会重组时，他甚至还曾提议与昔日的对手共同参与理论心理学方面的一个部门，他跟新行为主义者赫尔与托尔曼说：我真的反对派别相争。

图79 斯宾塞

美国新行为主义心理学家，因对条件作用和学习理论和实验而著名。1955年当选国家科学院院士，1956年获美国心理学会颁发的杰出科学贡献奖。

立场的不同不仅存在于不同学派之间，也存在于同一学派内部。尽管勒温创立的是一种整合的传统，但在跟随勒温一同学习的学生中，也经常会见到两种不同立场，他们的争论会激发出强烈张力。具有代表性的是，费斯廷格与利皮特就常有激烈的辩论，通常是费斯廷格强调研究的严谨性，而利皮特则认为费斯廷格不了解实际情境。因此，严谨性与适当性就常是争议的重点。他们虽有激烈的争论，但最后都能在勒温的天才领导和巧妙整合下，将此张力转为创意。

勒温去世之后，这两股力量也就逐渐各自分裂开来。费斯廷格后来就在学院继续从事实验室研究，形成了勒温传统的研究路线；利皮特与利克特等人后来就朝商业培训应用方面发展，形成了勒温传统的实践路线。尽管勒温传统在整体上仍然强调理论与实践的结合，但这种分裂趋势似乎是必然的。实际上，勒温的场论似乎也有这种暗示：

个体的人格、智力等的发展，就是一个不断分化和整合的过程，社会现象似乎也应该是如此：没有分化，整合便不会深入；没有整合，分化便是破碎。自然现象似乎也显示了这种规律：胚胎细胞正是经过不断的分化整合才逐渐形成一个功能更加多样，也更加完善统一的整体。

2. 团体动力学的发展历程

团体动力学的十年辉煌

1945 年，在马洛等人协助下，勒温在麻省理工学院经济与社会科学系创立了团体动力学研究中心，团体动力学研究全面展开。但遗憾的是，在该中心建立两年后，勒温便因劳累过度不幸病逝。然而，团体动力学研究并没有因此而止步，勒温的学生继承并发扬了勒温的遗志。

卡特莱特（Dorwin Cartwright）、费斯廷格、利皮特和赞德等都是勒温的学生，也是第一代的团体动力学家，多伊奇（Morton Deutsch，1920—），美国社会心理学家凯利（H. H. Kelley）和蒂勃特（J. Thibaut）等都是该中心第一批博士研究生。正如卡特莱特和赞德所说："勒温的理论对我们思想的深刻影响是显而易见的，根本无须具体指明。"

从 1945 年至 1955 年的十年间是团体动力学的繁荣时期。

图 80　莫顿·多伊奇
哥伦比亚师范学院已退休教授，著名的社会心理学家，致力于合作与竞争、社会公平、群体动力和冲突解决研究。1948 年在麻省理工大学群体动力学研究中心跟勒温攻读博士学位。采自：http://www.zcom.com/article/5453/

各种形式的团体动力学研究机构纷纷建立，行动研究和敏感性训练被普遍应用，勒温的心理学思想得到了广泛传播。玛格丽特·米德说，当时"勒温和他的学派代表了整个美国和整个社会科学的生机。"据统计，在此期间，该研究中心共发表113项研究成果。1953年卡特莱特和赞德共同主编了《团体动力学：理论与研究》一书，至此，团体动力学的体系框架大致构成，它被重新定义为：一种对团体本质的研究，旨在探索团体发展规律，团体的内在动力，团体与个体、与其他团体以及整个社会的关系等。其主要内容包括五个方面：团体内聚力、团体成员之间的相互影响力、领导方式与团体生产力、团体目标与团体成员动机以及团体的结构性。这时，团体动力学开始成为一门大学课程，其科学性得到了广泛承认。

团体动力学的二十年沉寂

从20世纪60年代开始，团体动力学的发展进入了一种"特殊时期"。团体心理学研究，逐渐演变为一种人类潜能运动，社会的注意力转到了个体行为和个体心灵成长上。社会对团体动力学的关注明显减少，团体动力学组织内部也发生了很大的变化，许多早期团体动力学家都先后改行或退休，勒温的理论和思想开始被淡化。正如赫尔姆莱希（R. Helmreich）所言："此时的许多团体动力学家，似乎都在追随'坏的研究可以得出好的结果'的格雷沙

图81 爱德华·扎琼克

姆法则（Gresham Law），而忘却了勒温的'好理论最实际'的教诲。"从 1960 年至 1980 年的这 20 年间，真正的团体动力学研究基本上处于一种停滞状态，而勒温的心理学也几乎被人淡忘，或至少是受到了很大的忽视。

团体动力学的复兴

20 世纪 80 年代开始，美国的传统文化受到了东方集体主义文化的强烈冲击，包括以注重团体性为基础的日本

管理方式和注重整体和谐的东方哲学思想，这些思想影响了美国人的思维，团体的心理学的意义重新引起美国心理学家的重视。借此东风，团体动力学开始摆脱低谷，进入了一个发展的新时期。1980 年，

图 82　《团体过程的进展》丛书及其主编劳勒

原来团体动力学研究的精英们，也是《团体动力学：理论与研究》一书 1960 年版的作者们，经过近 20 年的沉寂，再次组织起来，由费斯廷格主编了一部颇有影响的专著：《社会心理学的回顾》。该书的 10 位作者是：费斯廷格、阿隆森、巴克、多伊奇、凯利、沙赫特、辛格和赞德，另外两位是尼斯比特（R. Nisbett）、扎琼克（Edward R Zajonc，1923—2008）。扎琼克是现任团体动力学研究中心主任。该书旨在重新发掘勒温思想的潜力，振兴团体动力学研究。主编费斯廷格代表团体动力学研究中心，在前言中写道：在过去的 35 年中，团体动力学深刻地影响了社会

心理学的发展，这是勒温的一块最好的丰碑。

1984 年，美国东部心理学会在巴尔的摩召开了一次"团体行为的社会心理学理论"研讨会，宗旨是"鼓励和促进当代社会心理学在团体行为中的

图 83　近两年关于团体动力学的新书

应用"。同年依阿华大学的劳勒（E. Lawler）主编了《团体过程的进展》丛书，至 2008 年已出了 25 卷；1982 和 1985 年赞德的两本著作《发挥团体的作用》和《团体与组织的目的》问世，1987 年亨德里克（C. Hendrick）主编了《团体过程》和《团体过程与团体关系》。这两本书中，共有 39 位作者，其中 35 位都是在 20 世纪 70 年代以后崭露头角的新的团体动力学家，新的一代团体动力学家阵容已逐渐形成。

如果从亚马逊网站出售的图书来看，搜索 1988 年以后书名中包含"group dynamics"的图书，结果共有 181 项；如果将检索条件放宽为"涉及团体动力学"的书，得到的结果为 21 393 项（搜索日期：2009-8-25）。书本内容涉及极为广泛：商业投资、身心健康、职业技术、宗教灵修、科学、体育、历史、娱乐等，例如福尔赛斯（Donelson R. Forsyth）自从 1983 年出版《团体动力学》以来，不断修订，至今已出第五版，又如迪莫克（Hedley Dimock）等人的《动力团体的领导与管理》，勒维的（Daniel Levi）的《团队的团体动力学》，以及寇尔（Marilyn B. Cole）的《职业治疗中的团体动力学：团体干预的理论与应用》等。

3. 行动研究的发展演进

自从 1946 年勒温发表了他的"行动研究和少数民族问题"一文以来，行动研究就引起了社会学和社会心理学界的极大关注，并在 60 多年来有了许多新的发展。

伦敦塔维斯托克人群关系研究所（Tavistock Institute of Human Relations in London）的埃里克·崔斯特（Eric Trist，1909—1993），是行动研究的另一个主要贡献者。在二战后的岁月里，作为一个精神病学家，他把行动研究应用于德国战争俘虏的遣返工作，其研究倾向于大规模多重组织问题。他和勒温都强调了专业人员和客户的合作，都肯定了团体关系是问题解决的基础。

行动研究的四大分支

继勒温之后，行动研究开始分化，大致形成四种主要分支：经典行动研究、行动学习、激进行动研究和教育行动研究。

经典行动研究源于勒温对团体组织的研究，包括场论、团体动力学、T 小组和临床模式等概念和实践。主要应用领域有组织发展、工作生活质量（Quality of Working Life，QWL）、社会技术系统和组织民主等。

行动学习（背景的行动研究）是从崔斯特组织间关系研究中发展来的，重视把不同背景参与者作为项目的设计者和合作研究者。提出了组织生态的概念以及探索会议（Search Conference）方法，带有自由主义哲学意味。

激进行动研究，源自马克思的辩证唯物主义和安东尼奥·葛兰西（Antonio Gramsci，1891—1937）的实践取向。

参与式的行动研究常见于解放运动，如妇女解放运动。行动研究旨在通过加强社会边缘团体促进社会变革。

教育行动研究，源于杜威的研究，认为专业教育者应投入到社区问题解决中，比如高校的研究者应到小学和中学，和师生们一起研究社区问题。

行动研究的过程

斯蒂芬·凯米斯（Stephen Kemmis）把原来的行动研究过程进行了简化和发展，每一循环包括 4 步：计划、行动、观察和反省。

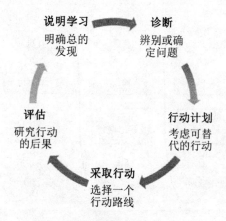

说明学习
明确总的
发现

诊断
辨别或确
定问题

评估
研究行动
的后果

行动计划
考虑可替
代的行动

采取行动
选择一个
行动路线

图 84　舒思曼的五阶段模型

相对来说，吉拉德·舒思曼（Gerald Susman，1983）给出的模型就更加详尽，他在一个循环里设置了 5 个阶段①（如图 84）：诊断→行动计划→采取行动→评估→说明学习。

---

① Gerald I. S. Action Research：A Sociotechnical Systems Perspective. London：Sage Publications，1983：102

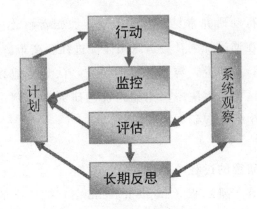

图 85　戈理菲思的多层模型

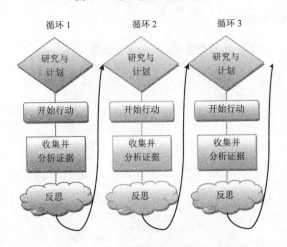

图 86　行动研究对问题的累进解决

　　戈理菲思（Griffith，1990）模式。戈理菲思的模式含有 3 个环路，内环与行动的反思相关；外环与长期反思相连。研究循环中行动和计划的互动，通过行动不停地调节、修正计划。见图 85、图 86。

行动研究的伦理问题

在实践中，行动研究要与参与者进行近距离的、公开的沟通，因此，研究者在研究工作过程中特别要注意伦理问题。温特（Winter，1996）提出了几条伦理原则[①]：

1. 确认已经咨询了相关人员、委员会和权威机构或人员，同时，指导工作的原则预先要被大家接受。

2. 所有参加人员都可以对工作施加影响，同时要尊重不愿参与工作者的想法。

3. 工作进展必须透明、公开，接受别人的建议。

4. 做观察或查验其他用途文件时必须征得同意。

5. 发表对别人工作和观点的描述前必须要协商。

6. 研究人员必须承担保密责任。

研究举例

这里首先介绍的是一个由两位香港中学教师[②]完成的教学行动研究案例。

（1）目的：探究中学一年级学生是如何学习有关地图的概念和学用地图知识技能的。

（2）问题：教师、学生都发现很难传授和学习这方面技能。

（3）目标：值得研究学习的东西太多。例如，是否应该研究所有的使用地图技能？我们是否应研究所有学生？应运用哪些方法技术？我们必须选出优先考虑的问题，决定我们应该做什么，能够做些什么。我们认为应该牢记行

---

① Richard Winter. Some Principles and Procedures for the Conduct of Action Research. in: New Directions in Action Research, London: Falmer Press, 1996: 16～17

② http: //english. cersp. com/jiaoshi/fansi/200609/925. html

动研究是用来解决日常具体问题的。

（4）协商工作范围：最后决定集中注意研究中学一年级一个班级的学生。理由是：①中学一年级是学生第一次在正规课程中遇到地图认知使用的问题的时候。如果能改进一年级的教学，对以后的学习也有益。②只研究一个班主要出于人力考虑。

（5）协商目标作范围：选了一个学生都关注的问题：地图的测量。

（6）协商工作程序：由近及远，由熟悉至陌生；从真实情况到想象；在课堂上多活动，多练习，多操作；回家应有后续性，增强理解练习。

（7）合作者的角色：陈先生是本校教师，他愿承担一个教师的正常角色。我充当了一个参与性合作者，任务是观察地图测量知识技能是怎样教怎样学的。陈老师依照以上标准设计具体方法，我提供反馈。我们的讨论全部都录音，方法选定也见诸文字，以便进行进一步反思。

开始时，学生们见我在教室中记录、观察，都有些紧张，所以在第一课结束时，我们用了一些时间，告诉学生，我们的工作还需要同学们的合作，一起来寻找能使他们更感兴趣、也更有效的教学方法。之后学生便合作得很好了，甚至要我更经常地和他们一起上课。

（8）教学情况记录：采取参与性观察，上课都录了音，作轶事记录，课后又对轶事记录追记几条简明的想法。每节课结束后，都发给学生一张日记单，要求写下对这堂课的想法，以获取学生反馈。为了帮助学生思考，我们还常提出一些问题，让学生回答。如：

• 这堂课上得如何？

- 你认为今天教的内容容易学吗？哪些部分难？

- 你能使用今天所学的知识、技术吗？能运用到真实的日常生活中去吗？

- 请你给陈老师提些建议，使课上得更有趣、更有用、更易学。

- 请你指示本课中令你最难忘的东西。

通过这些日记，教师可以发现学生的想法和错误。在课后或午饭时，我们常请 3 位学生作"15 分钟谈话"。谈话也作录音，我保证他们所说的，绝不影响他们的成绩，诚心诚意地请他们帮助大家认识教学。当天的谈话有助于记忆清晰、想法真实地表达看法；简短、人少的谈话有助于不使学生生厌。

在放学后还要进行深入探讨，虽然费些时间，但能使我们反思教学与计划的一致性，也能使我们考虑是否需要修改下一堂课的计划。我们感到，这些讨论对我们双方，对改进教与学都是很有益的。

图 87　勒温的三步变革模型

（9）结论：行动研究的确是自我反省性的、旨在解决问题的、能够使教师成为研究者的研究。通过行动研究教师能增进对课程、教学问题的认识，从而改善教学。

4. 变革理论

在勒温提出三步变革理论之后，他的学生及同道在实践中不断修正并提出了一些新的变革模型，其中广为认可的有利皮特的变革阶段理论、普罗查斯卡和第克莱门特

(Prochaska and DiClemente) 的变革理论、社会认知理论以及理性行动和计划行为理论等。社会现象的不断变革已是不争的事实，这些理论回答的就是如何达成成功的变革的问题。

勒温的三步变革理论

勒温去世后（1951 年）发表的文章中介绍了他的三步变革模型。根据场论，行为是不同的力的动态平衡结果：动力促进行为朝希望达成的方向进行，而阻力朝相反的方向妨碍变革的进行。

变革的第一步，就是要解冻当前状态。解冻就是为了克服个体抵触和团体一致之间的张力，通过三种办法可以达到这一点：①提高动力离开当前情境；②降低行动的阻力；③结合上面两种办法。具体方法有：为变革做好准备从而激励参与者、建立信任并认可变革的必要性、积极参与问题的识别以及在团体中使用头脑风暴法等。

第二步是移动，这是就要把目标改变为新的平衡水平，有三种办法：①劝说参与者同意当前状态不好并鼓励从新的角度看到问题所在；②一同探索新的恰当的信息；③把团体的观点告诉德高望重的有权力的领导，以获取对变革的支持。

第三步是再冻结，就是让变革维持下去，否则不容易产生变革，很容易反弹回去。这一步的作用，实际上就是把新的价值观整合到社团的价值观和传统中去，在动力学中，就是通过平衡动力和阻力，把由变革产生的新的平衡稳定下来。具体做法可以是，通过正式或非正式的机制，比如政策或程序，强化新的行为模式，或者叫做制度化。

总之，勒温就是强调了可以通过对动力和阻力的调整实现变革。

利皮特的变革阶段理论

1958 年，利皮特等人扩展了勒温的三步模型，更侧重于变革代理人的角色和责任因素，他们划分了 7 个步骤[①]：

（1）问题诊断；

（2）评估变革的动机与能力；

（3）评估变革代理人的资源和动机，包括对变革的承诺、权力和耐力；

（4）选择分步变革的目标，指定行动方案和策略；

（5）精选并确保所有当事人清晰理解变革代理人的角色，一边产生明确的期待，比如拉拉队队长的角色；

（6）维持变革，基本要素包括沟通、反馈和团体协调；

（7）逐渐终止协助关系，变革代理人淡出角色，这时变革已经成为组织文化的一部分。

利皮特等人（Lippitt，Watson and Westley）指出，当变革扩散到邻近系统或子系统时，变革就近乎稳态了。

普罗查斯卡和第克莱门特的变革理论

该模型原本用于显示病人行为改变的阶段，后来扩展到其他人群，它主要包括的阶段有：预先考虑、考虑、准备、行动和维持。许多病人经常会复发，因而这个过程是循环的，最终形成一个螺旋模型。在预先考虑阶段，个体

---

① Lippitt R，Watson J，Westley B. The Dynamics of Planned Change. New York：Harcourt，Brace and World，1958

不清楚或不承认问题的存在，从而没有变革行动；考虑阶段，个体对问题有了意识，开始思考变革自己的行为，但并没有准备好；准备阶段中，个体对变革进行计划，同时需要咨询和社会支持；并着手从事变革行动；最后的维护阶段，要采取行动强化，建立新的行为规范，这一阶段可能持续半年甚至终生[1]。

在变革过程中，要给予不断的咨询支持，以防止反复，确保变革的长期成功。当然，个体有权力随时退出变革，然而大多数情况下并不是终止变革，而是反复，可以重新进入考虑阶段，然后是准备阶段。许多人正是从这种反复中学到一些东西。

社会认知变革理论

社会认知变革理论，又称社会学习理论，认为个体可以通过直接的经验、对话交往和观察来学习，行为改变受环境、个体因素和对行为的归因的影响。个体首先要有行为的效能感，即相信自己有能力去做，还要有做的外在刺激。行为是操作性条件反射的扩展，也就是说，行为是对其后果预期的产物[2]。

自我效能感起着重要作用，有3种方法可以提高自我效能感：提供清晰的指导、提供技能训练的机会和给出预想行为的示范。在进行员工培训时，有四个步骤可以显著提高成功率：注意、保持、动作重复和强化。当个体注意

---

[1] http：//northwestahec. wfubmc. edu/professional/Behavior％20Change％20Model. pdf＃sear prochaska％20and％20DiClemente'

[2] http：//newcity. ca/Pages/moorechange. html

到他们所关心示范的细节时，就有学习发生；当个体能回忆示范的特点时，学习就有了效果；当个体能重现动作时，说明他已经将看到的东西转化为能力了；当示范激起了信任、佩服和尊敬时，强化的效果最好。

计划行为理论

包括下列概念：认识到的对机会的控制力、资源和必备技能。其中，认识到的对机会的控制力类似于自我效能①。

和以上理论相比，勒温的三步变革模型比较理性化，但并没有考虑个体因素的影响，而社会认知理论则包括了个体认知和人格因素。利皮特的阶段理论是对勒温理论的扩展，其焦点在于变革代理人，而不是勒温的变革本身。勒温的变革模型侧重于分析力场的变化，而普罗查斯卡和第克莱门特的变革理论的特点则是重视其循环性，考虑了行为的反复。

总之，变革理论本身并不是什么严格的科学，也无对错之分。新的理论总是能够带来对新问题的新看法，变化的世界也需要理论的不断变革。

5. 未来展望技术

"展望未来大会"（Future Search Conference），又称未来展望（技术），20 世纪 80 年代由美国人韦斯伯（Marvin R. Weisbord）和詹诺夫（Sandra Janoff）创立，是一种学习、对话、想象和规划的会议，是非常新颖的社区参与治理的形式，已经在世界范围内获得推广，并在很多国家和

---

① http：//www. csupomona. edu/～jvgrizzell/best _ practices/bctheory. html

图 88　展望未来大会

注：英国索尔福德 2008 年 7 月举行的展望未来大会，主题为"机会把你我紧相连"

采自：http：//www. partnersinsalford. org/future-search-2. htm

地区得到了成功的运用。

未来展望的缘起与发展

1938 年，利皮特来到爱荷华大学，跟随勒温学习社会心理学。其间，他和勒温及另一个学生进行了一项突破性研究，也就是关于团体气氛与领导风格的研究，奠定了团体动力学的基础。此后他们开始发展参与式管理、人际关系训练、团体问题解决，并于 1947 年成立了国家训练实验室专门培训全国各地的社区领袖，并风靡一时。勒温去世后，利皮特开始研究战略计划团体，但发现团体问题解决方式让人们感到沮丧，于是开始研究"潜在图景"，让人们预想理想的未来，以得到鼓舞。20 世纪 70 年代，利皮特和一个社区发展顾问伊娃·辛德勒（Eva Schindler-Rainman）一起，为城镇社区服务，他们召集了当地居民代表，成立"合作社区"，召开"面向未来大会"以建立指向未来的行动计划。未来展望技术的两项原则便由此形成：

（1）把握当时参与者的整体，每个不同的利益相关者各自都有其优势，比如权威、资源、特长、信息和需要，如果想行动，立即就可以行动；

图 89　展望未来大会的形式

注：墙上写满了与会各界代表的设想。

采自：http：//www. partnersinsalford. org/future-search-2. htm

（2）把未来和共同点作为核心目标，问题和冲突是共享的信息，而非行动内容。

1939 年，在大西洋彼岸的英国，剑桥毕业的心理学家崔斯特，与精神病医师白昂（Wilfred Bion）正为英军陆军选择校级军官，他们把候选人放到无领导小组中解决实地问题，由此发现，最佳领导人就是那些能把自己的利益和团体利益平衡起来的人。战后他们发明了新的团体动力学方法，在伦敦建立了塔维斯托克人群关系研究所。20 世纪 50 年代，来自澳大利亚的年轻心理学家爱莫瑞（Fred Emery），出于对勒温场论的热情，也加入了该研究所。很快，他们把自我管理整合进了团体计划中，要求参与者开始时要研究自己所处体系的历史和各种外部关系。他们发现这种办法能有效减少对抗或逃避（fight or flight），便将这种方式称为"展望大会"，未来展望的另外两项原则便由此而来：

（3）在深入某一点之前，先探索整体，牵一发而动全身；

（4）提倡自我管理和对行动负责，每当引导者为团体做了什么时，他也无意中剥夺了别人的主人身份；团体所做的，会比你所要求的多。

这四项原则都属于勒温的行动研究传统：既有客户，又有正式研究，并发表研究结果。

20 世纪五六十年代，组织发展咨询（organization development，OD）十分兴盛，勒温的行动研究便是其中社会干预技术的基础。行动研究曾被总结为对组织结构和行为规范的"解冻、移动、再冻结"三部曲。解冻过程中，行动研究过程的一个关键特征是：客户常常质疑咨询师的发现，并"拒不改变"。除非客户坦陈自己所处情境，接受变革的责任，否则不会有移动。因此，一个行动研究过程可能需要几个月甚至几年，一般为时 3 年可以出现显著的组织变化。至此，整个系统就要再次冻结成更为有效的模式，这还需要继续用行动研究来维持。

在 20 世纪七八十年代的应用过程中，随着世界发展速度的加快，问题的复杂性日益增加，行动研究越来越跟不上变化的步伐。韦斯伯指出，在肯定勒温系统思想的同时，也要发明一些新方法，以便实现整体、投入和自我控制的渴望①。这种方法首先应该能让系统中的每个人都认识到改善整体的责任。

1993 年，围绕勒温传统，在利皮特和辛德勒的面向未来大会和爱莫瑞与崔斯特的展望大会基础上，120 位创建者成立了未来展望网络（Future Search Network），旨在通过未来展望让人们承担起改善整体的责任，让整个系统在几天时间内制定出行动方案，这在以前是不可思议的。然

---

① Weisbord M R. Productive Workplaces Revisited. San Francisco, 2004: 261

而此时成功的案例成百上千，显示了未来展望的通用性。

什刹海举办"展望未来"论坛 居民体验参与式管理

日期：2007-02-25

1月30日，北京什刹海社区服务中心迎来了60余位普通而又特殊的参会人员，包括社区居民、教师、居委会干部、当地管理机构、商业单位、民间组织代表等，年龄跨度从22岁到82岁。这些人都是来参加为期3天的"人本、人文、人和——绿色什刹海"展望未来论坛的。论坛的主题为建设绿色什刹海，改善社区生态和人文环境。

经过两天半的热烈讨论，墙上的白纸被填得密密麻麻，不同的笔迹书写着大家不同的人生故事、不同角度的认识、对现状的思考、对未来的美好设想，以及大家可以去行动的计划。

很多参会人员在会议结束后依然意犹未尽，继续和刚刚熟悉的伙伴们讨论着社区的种种问题和解决的方法，兴致勃勃地要投入到后继的行动计划中，要为社区环境的改善和提高出谋划策。一些来自居委会的工作者也提出，要把这种新颖先进的工作方式引入到日常社区的工作中。

此次"展望未来论坛"由西城区什刹海街道办事处、西城区什刹海社区服务中心和四家民间组织（自然之友、北京地球村、中国环境与可持续发展资料研究中心、北京思拓者教育信息咨询中心）共同主办，由德国海因里希·伯尔基金会赞助，并获得了中国什刹海网站的大力支持。

什刹海社区是北京市第二个举办"展望未来论坛"这一论坛的社区。此次论坛的独特之处在于调动社区居民的自主管理能力，鼓励居民自下而上地制定规划和活动计划，并亲自推动施行。

摘编自：http://www.beijing2008.cn/49/16/article214021649.shtml

未来展望的形式

在 2006 年的一篇文章中①，开创者韦斯伯和詹诺夫简要介绍了未来展望的基本形式。参加者一般为 60～70 人，代表不同方面的利益，会议时间为 4 个"半天"。在完全中立的主持人引导下，针对某一主题，参与共同学习、对话、想象和规划，共同设想未来，并制定出大家一致同意的共同目标，并由此制定切实可行的行动计划。其具体流程如图。

这种方法着眼于"未来"，致力于"共同"，既超越了各方现存分歧，也避免了因现实困境对未来思维制约而无法前进。它可以用于不同的内容和面对不同的挑战，例如涉及一开始看不清的复杂问题，便可用此方法以找到不同利益群体的共同基础、得出一个大家都认可的设想。

与勒温的同时性原则一样，未来展望也认为不管是过去还是未来，都存在于当下的记忆中。未来就是现在，谈论未来，未来就在眼前。

---

① Janoff S, Weisbord M. Future Search as "real-time" action research. Futures, 2006 (38): 716～722

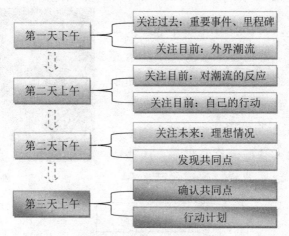

图90 勒温的三步变革模型

总之，未来研究和行动研究价值观相同，但操作过程有异。未来研究让利益相关者自己收集、整理并解释数据，进而决定要怎么做，所有工作都在一次会议事实中完成，因此未来展望就像是参与者自己进行的行动研究，但效率更高。简言之，未来展望的目标，就是在行动研究基础上进一步剥去专家解决方案的光环，创造条件让人们从自己的经历中学习。创立者相信，假如勒温在世，他也会由衷地称赞。

6."新勒温"理论

勒温为后人建构了一个宏大的理论体系，但只有部分发展较好，如团体心理学部分，但其动力心理学，却因无法得到直接可用的估计，而一度处于停滞状态。现代信息技术的发展，使得复杂模型的模拟成为现实。一些研究者试图对勒温理论中尚未展开的部分进行改造和深化，形成了"新勒温（Neo-Lewinian）"理论。这里仅简要介绍瑞纽（Kullervo Rainio）基于信息技术对勒温动力心理学的推进。

瑞纽，1924 年出生于芬兰的韦斯屈莱，曾任赫尔辛基大学社会心理学教授，同时也是一位诗人和小说家。虽未见过勒温，但他曾于 1956 年参与过团体动力中心的一次研讨会。勒温突然离世后，团体心理学不乏后继者，到现代已经有了

图 91　瑞　纽

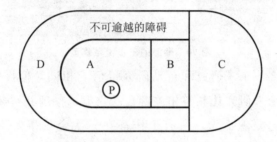

图 92　勒温体系对障碍强度的表示

极大的发展，但动力心理学部分，却留下了遗憾。此后他致力于动力心理学的深入研究，从 1961 年开始，发表了多篇有关社会交往随机过程的文章，并于 1986 年出版"行为随机场理论[①]"一书。

该书旨在将勒温的拓扑心理学体系发展为一个心理学随机理论[②]。该理论以勒温提出的原理为基础，能够使用计算机模拟技术进行预测。书中系统阐述

① Kullervo R. Stochastic Field Theory of Behavior. Commentationes ScientiarumSocialium，Societas Scientiarum Fennica，Helsinki. 1986（34）.

② http：//personal. inet. fi/koti/kullervorainio/kotisi21. html

表 5　瑞纽对障碍的概率矩阵表示

	A	B	C	D
A，P_{succ}	1	.9	0	0
"，P_{-succ}	0	.1	1	1
B，P_{succ}	.8	1	.6	0
"，P_{-succ}	.2	0	.4	1
C，P_{succ}	0	.5	1	.3
"，P_{-succ}	1	.5	0	.7
D，P_{succ}	0	0	.6	1
"，P_{-succ}	1	1	.4	0

注：P_{-succ} 为障碍强度

采自：http://www.goertzel.org/dynapsyc/LewinRaino.htm

了他的"随机场论"：行为过程可以用加权曲线表示为移动，个体的变化在离散时间中单步发生。行为尝试前有一种对真实选择情境的"认知模拟"，当认知过程足够成功（概率高）时，才表现出尝试行为。因此，行为过程受三种概率控制：①认知尝试概率；②成功概率；③真实尝试（行动）成功的概率。勒温系统的核心概念，如场、力、效价、冲突和张力，都可以用概率表示，比如在勒温体系中，图93中的障碍强度用线条的粗细表示，因而只是图示而已。瑞纽用概率矩阵把它表示为（见表5），把"某次尝试成功的概率"作为障碍强度的表示，并将其推广到其他相邻区域的边界。

这样，障碍强度就有了一种新的、数学上的明确含义：认知尝试的成功概率。不成功的概率（p_{-succ}）表示障碍的强度，1表示无法逾越的障碍，即勒温图中的粗线条，但他无法把所有各区域间边界的障碍强度表示出来。

该书的第三章对选择行为进行了操作化，并对书中提出的假设，用计算机程序进行了模拟实验。书中还对海德提出的一些基本概念进行了量化，用随机场论重新阐释了平衡理论的原理。

2000 年，瑞纽完成了《认知加工与行为——模拟的概念框架》[①] 一书，书中以概率向量建构了表征心理力的概念体系，该体系可以看作是对勒温体系校正后的现代版本。但不同的是，时间变量也被进行离散处理，认知转换由认知尝试及其成功概率决定。新概念体系建立在全息观上，使得这些认知加工的随机模型有可能估计行为。该书详尽描述了他们对简单游戏情境的模拟，最后对本书提出的概念体系进行了哲学思考。

2008 年，瑞纽进一步把他的研究深化为"离散过程理论（Discrete Process Model，DPM）"[②③④]。离散过程理论的基本原理是，所有量子过程的发生，不仅在空间上，而且在时间上，都是离散的。由此，一个过程可被看做是在离散时间上的每一步中，系统从一个状态到另一个状态的

①　Kullervo R. Cognitive Process and Behavior；A Conceptual Framework and Simulations. Research Reports，2000（1）Department of Social Psychology，Helsinki University. e-book，whole text available in address：http：//ethesis. helsinki. fi/julkaisut/val/sosps/muut/rainio/

②　Kullervo R. Discrete Process Model for Quantum and Mind Systems. Research Reports，2008（1）Department of Social Psychology，Helsinki University. e-book，whole text available in address：http：// ethesis. helsinki. fi/julkaisut/val/sosps/muut/rainio2/

③　Kullervo R. Discrete Process Model for Quantum Systems of Matter and Mind. World Futures，2009，65（4）：270~303.

④　http：//www. goertzel. org/dynapsyc/LewinRaino. htm

转换，该过程由条件概率控制。这些概率构成了一个马尔可夫矩阵，称为转换概率矩阵。矩阵中的一个向量，表示从当前状态到其他状态转换的概率，该向量下的概率选择决定了过程的下一步状态。正是这样一系列转换过程不断前进，最终使系统达到可观察的稳态。两个系统的交互作用，可以表示为他们转换矩阵之间对概率的相互调节，其中的向量会在向量干涉中发生改变。物理和心理系统的向量干涉可以解释身心之间的交互作用，因而瑞纽相信，离散过程理论可以强有力地说明：不必把意识降低为物理现象，反之亦然。

二、勒温心理学的应用

1. 传播学

勒温对传播学的贡献

传播（communications）是一切社会交往的实质，传播学是研究人类如何运用符号进行社会信息交流的学科。传播学之父施拉姆（Wilbur Schramm，1907—1987）认为传播学有四大先驱：

（1）政治学家哈罗德·拉斯韦尔提出了传播过程的五要素（5W，即谁、哪里、向谁、怎样、什么）；

（2）社会心理学家库尔特·勒温，建立了团体动力学，提出了信息传播中的把关人（gate keeper）概念；

（3）社会学家保罗·拉扎斯费

图93 传播学之父施拉姆

尔德，提出了"舆论领袖"和"两级传播"的概念；

（4）实验心理学家卡尔·霍夫兰，主要研究人的态度与说服之间的关系。

对于勒温在传播学中的贡献，一些学者曾做过详尽阐述①②，这里仅做一简要总结。

美国早期传播学，比如拉斯韦尔的 5W 模式，都把传播作是为一种行为来对待，这些模式深受行为主义刺激—反应理论（S-R 公式）影响。都把传播看作是从传播者到接收者的单向、线性信息传递过程。这种模式有明显的缺陷：对传播行为各因素之间相互制约关系的处理过于简单，而且把具体的传播行为和外部环境及其背景因素割裂开来，结果使传播学研究"只见树木，不见森林"。

勒温之所以被列入传播学的先驱，首先是因为他提出了以场论来解释行为（B ＝ f（PE）），强调了环境在人的行为发生过程中的重要性。著名传播学者罗杰斯（Everett M. Rogers）认为③："认识既是传播的结果，又是传播的起源。……正是场论的认识论重点和人类传播过程之间的紧密对应关系，导致了勒温达到了一个传播学前辈的高度"。

勒温在场论基础上发展的团体动力学，更使他无愧于传播学先驱的称号。团体动力学研究的是团体与个体之间

---

① 田文生．大众传播媚俗化倾向评析．新闻与传播研究，2000（3）：56～61．

② 杨华．略论勒温对传播学研究的贡献．社科纵横，2004，19（4）：176～179．

③ ［美］E．M．罗杰斯著，殷晓蓉译．传播学史．上海：上海译文出版社，2002：338．

的相互依存的动力关系，而传播研究的本质，实际上也就研究是人和环境之间心理张力的产生与释放。因此，团体动力学尤其具备着开拓性的意义，奠定了传播学最基本的理论框架。

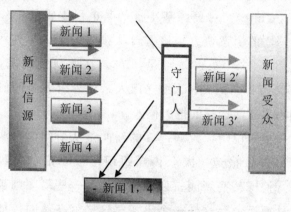

图 94　新闻传播的守门人

注："—新闻 1，4"为过滤掉的信息；

"新闻 2'、新闻 3'"是选择的新闻。

在团体动力学的发展中，勒温通过一系列关于饮食习惯改变的实验，提出并验证了团体决策和把关人的概念，这对传播学产生了巨大而深远的影响。罗杰斯对这一研究评价很高："在有关相互作用的人际传播（讨论）和单向大众传播（讲演）之间的差异方面，勒温的实验成为一个经典研究。[①]"

"把关人"这一概念，是勒温在去世前不久才提出来的。他认为，在传播过程中信息总是沿着包含有检查点即"门区"或关卡的某些渠道流动，那些能够允许信息通过或

---

① ［美］E. M. 罗杰斯著，殷晓蓉译. 传播学史. 上海：上海译文出版社，2002：135.

不许信息流通的人或机构，即为守门人。守门人的主要作用是选择和过滤他所接到的信息。他又进一步指出，这种情况不仅适合于食品系统，而且适合于新闻在群体中通过某种渠道的传播。1949 年，勒温的学生，传播学者怀特（D. M. White），对美国某小报的某电讯编辑的工作进行了为期一周的个案调查。该编辑从接收的 11910 英寸电讯稿中选用了 1297 英寸，不足 11%。在此研究的基础上，1950 年怀特将"把关人"（守门人）概念引入新闻研究领域，提出了新闻选择的把关模式。

这一模式说明，大众传媒的新闻是从新闻信息源中选取一部分进行报道，大众传媒组织形成一道"关口"或"门区"，使得某些新闻得以通过，而另一些新闻则被挡在门外，从而遭舍弃这样一个事实。这样就在新闻传播中确立了"把关人"理论研究的基础地位。

传播学的场论分析

田文生曾从勒温的生活空间视角对大众传播行为进行了场论分析，他认为，在特定心理场中，大众传播行为由传播者和受众两极的动态行为构成，受到各自的 P 和 E 的影响。他结合了弗洛伊德"本我、自我、超我"的人格结构理论，用勒温的行为公式"$B = f(PE)$"，对大众传播媚俗倾向的原因进行了评析。

信息接收者个体，即勒温公式中的受者 P，其人格结构中的本我，在本质上有着接受俗化传播的欲望，渴求传媒提供此类信息文本。网络上淫秽黄色内容难以斩尽杀绝，根本原因就在于此。

大众为一般人的集合，即勒温公式中的受众 E，是一个外延宽泛的群体，在欲望、思想和生活方式上具有高度

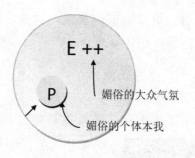

图 95 传播学的场论分析

一致的特征，表现为许多共同的审美取向，譬如追求娱乐、消遣而非净化、升华以及行为层面上的从众倾向 B，最终达成整个群体对"本我"的回归。

戴维森于 1983 年提出"第三人效应"（the third-person effect），即人们倾向于认为大众媒介对别人的影响力比对自己的影响力更大。约翰森在此基础上将其扩展为：人们倾向于认为，自己的观点更多地受自己经历影响，而他人的态度更多地受大众媒体或在他所处的社会环境中的人的影响①。这意味着受者对群体 E 的认知出现了偏差，而这种偏差在勒温场论中早有论述。勒温认为，生活空间中的事实，并非完全等同于真实生活的现实，而是一些准事实，包括准物理、准社会和准概念 3 类准事实，表现在拓扑图中，就是不同真实程度或虚构程度的层面。传播媒介所追求的，正是要在受众心目中建构一个如此虚构的情境，事实上，大众传媒的目的已经达到：在人们的心目中，已经形成了一个更为媚俗的大众。

对于每一个受者，其 P、E 两项因素均是如此，其行

---

① Johansson B. The third-person effect：Only a media perception? Nordicom. Review，2005，26（1）：81～94

为 B 也不难理解：追求当下的放纵与宣泄，这反过来又为逢迎本能欲望的媚俗化传播造就了广阔的市场。

2. 心理咨询与治疗

对病因学的影响

勒温的许多著作直接论及常态与变态发展的问题，如

图 96 阿克曼及其《家庭生活的心理动力》

环境对儿童行为和人格发展的影响、儿童发展与常态和非常态智力的发展等。勒温认为，要理解个体的行为，就要先了解该个体心理场中所有力的整体，因为产生行为的原因不仅仅是孤立的元素。勒温和他的学生们的早期研究，提升了我们对人类行为的理解，他提出的许多概念都经常被使用。但正是因为如此，被作为参考文献列出的著作很少。

对治疗的影响

他的研究对家庭治疗和团体治疗影响较大。阿克曼（N. W. Ackerman，1908—1971）是家庭治疗的创始人之一，他曾说，家庭诊断与治疗，实际上是文化人类学、团体动力学和传播学等几个领域的共同结晶。在对家庭动力的理解和改变上，我们仍在使用勒温及其学生、同事们提出的术语，如结构、沟通模式、凝聚力、子团体、替罪羊、冲突类型等。

团体治疗方法

巴赫（George Bach，1914—1986）是勒温的学生，他

证实了团体治疗方法可以像个体治疗一样有效，从而推动了团体治疗的发展。团体心理治疗家柯西尼（Corsini）对他的工作大加赞赏，而巴赫则将之归功于他运用了勒温的场论和团体动力学。他

Jerome Frank, M.D.

**图 97　勒温较早的
学生弗朗克**

在其著作《深入团体心理治疗》一书的前言中写道："本书的一个目的，就是探索把勒温理论和研究结果应用到临床中，以期达成人格和行为的改变。"许多团体动力治疗家在分析个体人格时用的是精神分析，但在研究如何发展治疗方法时，却发现场论是最好的方法，因而多数的团体治疗模型都是精神分析和场论的结合。

当然，巴赫并非唯一、也非最早把勒温理论应用到临床上的治疗师。比如勒温较早的另一个学生弗朗克（Je-rome Frank，1909—2005），曾把"人本"取向引入到了临床心理学中，这要早于马斯洛和罗杰斯等人。

巴赫说，场论对于临床实践来说十分有用，正如勒温常对爱荷华大学研究生们所说的：心理学最实际的东西，就是一个好的理论。勒温的现象学－认知取向，尤其是用拓扑学把个体的生活空间表达出来后，在诊断阶段非常实用，对于理解引导个体行为的认知地图很有帮助。勒温强调当前情境的力场分析，而非分析历史原因，这一点在临床实践中也极为有用。大多数病人都急切地想找到处理当前情境的方法，他们关注的也就是当前的人际动力，比如冲突。

尤其值得一提的是勒温创立的 T 小组方法，在团体动力学的发展中，有着很长的历史。实际上，现在整个团体

173

心理治疗的基础概念，如团体发展、团体压力、团体凝聚力领导风格以及团体规范和价值观等，几乎都发源于 T 小组一类的社会心理学研究。

在不同学术阶段，勒温关注的心理社会问题也有所不同。早期勒温关注的是现象学过程，比如愤怒、未完成任务的重做、抱负水平、决策制定、厌腻、退行等等。每一项研究对于人格动力学的学生，尤其是从事认知治疗的治疗师来说，都非常有价值。

勒温的团体动力学，至少在巴赫看来，对团体治疗的临床实践很有影响。他在研究中发现"仪式"在团体动力中非常重要，在所有文化中，仪式都用来训练和强化角色行为，由此能够解决各种恐惧和焦虑问题。比如，通过好客的礼仪，可以控制对陌生人的恐惧；通过和平礼仪，可以控制对攻击的恐惧。

3. 教育学

勒温对教育的影响，不仅表现在"合作学习"（Cooperative Learning）上，还表现在行动研究、课堂管理、领导风格和学校心理生态及教室布置等方面。推动美国教育实践的社会心理学家，大都是勒温的学生，尤其是勒温在爱荷华大学期间（1935—1944）的学生和同事，如巴克（Roger Barker）、多伊奇、费斯廷格（Leon Festinger）、库宁（Jacob Kounin）、利皮特（Ronald Lippitt）和怀特（Herbert Wright）等。

图 98　库宁的学生
舍曼

他对儿童心理与教育的重视，不仅体现在他在美国初期（在康奈尔大学和爱荷华大学期间）的研究中，甚至在麻省理工学院的团体动力学研究中，也多与儿童有关，比如教室环境下的儿童研究等。

这里介绍的是勒温第二代学生对教育学中勒温影响的总结。其中，库宁的学生舍曼（Larry Sherman）介绍了勒温对合作学习的影响、利皮特的学生理查德·施穆克（Richard Schmuck）讨论了行动研究的影响。

图 99　施穆克夫妇与舍曼在勒温故居

合作学习

1946 年，勒温向美国犹太议员们募款成立了一个"社区关系委员会"，目的在于减少团体间的紧张与偏见。该委员会曾向美国最高法院提交了极富影响力的证词，证明了种族隔离学校的不平等，使得法院裁定要废除种族隔离学校，但进展并不顺利，主要的挑战是，很难在不同团体间培养良好的人际关系。20 世纪 70 年代末，多伊奇的学生约翰逊（David Johnson）、费斯廷格的学生阿隆森（Elliot Aronson）以及施穆克和舍曼，在 1979 年以色列举行的合作学习国际大会上，一起讨论了"合作学习"的解决方案，并成立了合作学习国际联合会（IASCE，International Association for the Study of Cooperation in Education），施穆克担任主席。1980 年，帕皮同（Emmy Peptone）总结了合作学习的早期发展，并指出了合作学习与勒温早期理论的紧密关系。在第 25 届 IASCE 国际会议上，参会者讨论了合作学习发展的 25 年历史。会上会集了活跃在教育心理学领域的勒温的第二代学生，大家回顾了勒温对合作学习运动的影响（如图 100）。

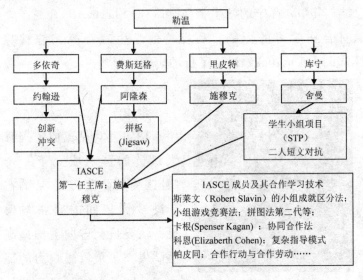

图 100　勒温对合作学习的影响谱系图

图片采自：http：//www. users. muohio. edu/shermalw/Lewin ＿ Conference ＿ PaperV3. doc

合作学习运动开展至今，已经发展了很多变式，尽管结构不同，但有 5 点是共通的：

（1）积极的相互依赖：所有成员共享共担团体的整体成绩；

（2）个体负责：每个成员都认识到自己应对分配的任务负责；

（3）面对面交流：鼓励相互帮助，相互提供反馈，以更好完成任务；

（4）异质分组：成员由不同性别、态度、社会阶层、认知观点、能力和技能水平的人组成。

（5）社会技能：有效沟通、建设性解决冲突、相互信任、接纳并支持他人。

近年来的大量研究表明，合作学习效果良好，不仅提高了学习成绩，也建立了相互信任支持的团体间关系，此外，也提高了个体自尊，让学生认识到：在校期间，自己是自己命运的主人。

行动研究在教育学中的应用

利皮特与勒温共同发展了行动研究，并将之应用到学校教学研究中，以提高教师达到教学目的的能力，改善学生对学校的态度及其成绩。

在跟随利皮特学习一段时间后，施穆克发展了行动研究的两个模型（表6），其中一个直接来自勒温和利皮特的研究，称为响应性行动研究；另一个是在与数百个教师合作后的创新，称为促动性行动研究。

表6　行动研究的两个模型

响应性行动研究	促动性行动研究
属于勒温传统，在行动前要对顾客的问题及其情境动力作出诊断	根据专业反思和学习经验，鼓励尝试新办法
收集数据； 分析数据； 分发数据并宣布变革； 尝试新实践； 检验其他人的反应 收集数据。	尝试新实践； 结合希望和关切； 收集数据； 检验数据的含义； 反思有无其他可替代方法； 尝试其他新的实践。

4. 审美心理场论

秦俊香对审美心理做了类似场论阐述①，尽管不是严格符合勒温场论，我们这里仍做一简要介绍。

艺术审美活动是一个动态、整体、活跃着艺术生命的审美交流"场"，在这个场中，作品居于中心地位，现实、作者和观众（包括读者、听众等）与作品既有重叠的部分，又有交叉部分，还有互不包含的部分（如图101）。

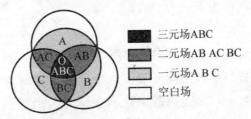

图101 审美心理场

其中，O圆代表作品；A圆代表现实；B圆代表作者；C圆代表观众。在这个交叠场中，有既属于现实生活，又是创作者体验和写出的，还是观众知解的内容（三元场）；有三种因素两两交融但把另外一种排除在外的部分（二元场）；还有只属于三者中的一部分内容（一元场）；还有存在于作品文本之外却与文本关系密切的三个空白场（潜能场）。

三元场（ABC）既属于现实存在，又属于艺术家要表现的精神世界，还是接受者理解和欣赏的东西。这部分内容在艺术场中比例很小，但极为重要，它是整个艺术中最优秀的核心。电视剧《天下粮仓》《大雪无痕》《至高利益》

---

① 秦俊香. 影视创作心理. 北京：中国广播电视出版社，2004：3

《绝对权力》等之所以能激起观众的共鸣，就在于创作者在作品中表现的反腐主题，与我国当前反腐倡廉的紧迫形势以及民众的公民意识相一致。它应该是人类共同的实践以及在实践的基础上形成的社会共同性和文化心理上的共通感，类似于荣格所说的集体无意识。

在上述场景因式中有三个二元场：AB 场、AC 场和 BC 场。

二元场 AB，是作者与现实存在之间的交叠，是艺术家亲身体验过的现实内容。在创作时，作者总是有意无意地追寻、表达这类内容，因而其作品也会带有自传性。比如姜文眼中的《阳光灿烂的日子》、托尔纳托雷《天堂电影院》、歌德《少年维特之烦恼》，连美国动画故事片《海底总动员》在很大程度上都带有作者或编导的个人色彩。秦俊香把这一场境的归结为：我写我心，文如其人。

二元场 AC，即所谓"言者无意、听者有心"，是艺术中表现的现实与观众生活体验的契合。艺术中的现实生活，有一部分虽不属于作者，或者说作者未必认识到它的存在与意义，但它却属于观众，接受者能通过文本中的客观描述，认识它的真正意义和价值。这种现象在艺术活动中比比皆是，曹雪芹《红楼梦》的内容本身与红学研究就是这种关系。

二元场 BC，即所谓"心有灵犀一点通"的境界，指的是作者的心理内容与观众的心理世界相交叠的部分。艺术作品总是包含着作者本人对现实的评价和态度、情感和思考，这一部分能否被观众认同，便成为艺术欣赏活动中能否产生共鸣的深层原因。冯小宁说，他拍电影时总是设想着有几个观众站在背后评头论足，他就是要找观众关注的热点拍，看广大的市民观众的梦想是什么，找出来并满足它。

在审美心理场中，三个一元场处于作品的边缘。

一元场 A，是指被客观地记录下来内容，但它既在作者的生活阅历之外，也在观众的生活阅历之外。传统艺术理论经中，经常讨论它的艺术认识价值。每个人都有求新求异的本能心理，他们渴望欣赏到具有距离美和陌生美的作品。许多拍摄于异域他乡的影视作品，在很大程度上就是借此取得了成功。有人说，《不见不散》实际上是《编辑部的故事》的翻版，只不过它把故事背景放到了洛杉矶，使观众熟悉的人置身于陌生的环境中，符合商业电影的创作规律。

一元场 B，即作者个人思想与情感。如《大法官》从人物对话、人物取名到情感抒发，都表现出极强的文学性。不仅剧中人物身上饱含着创作者强烈的爱和憎，剧中的许多段落，也都极富抒情意蕴。

一元场 C，对传统艺术理论来说是陌生的，但当代接受美学通过引入"隐含接受主体"这一概念，使 C 场的存在不仅合理，而且十分重要。聪明的作者总是把观众当做"上帝"，以"上帝"的好恶决定作品的取舍，如冯小刚等。这样，迎合观众就不可避免，但迎合不等于迁就，也不等于媚俗。

在作品之外，还有三个空白场，秦俊香称为潜能场，即潜能场 A、B、C，它们是现实、作者、接受主体三个要素在作品之外的相对独立的存在。

潜能场 A，是未被艺术开垦或未展现给观众的原生态现实，比如草稿、剪掉的胶片（许大同摔死的胶片），或拍片过程中的现实生活状况。

潜能场 B，是作者头脑里没有展现在艺术作品中的内容，如艺术思想和潜意识。冯小刚在《我无法彻底》一文中，谈到了因为利用外资拍《大腕》而无法表达自己的苦衷，就是与作品直接相关的 B 场的内容。

潜能场 C，是指观众尚未介入作品的部分，或者是观众可能由作品而生发的联想、想象、情绪，如观众受作品触动，对自己命运的思考和感叹等。

三个潜能场，类似于言外之意、弦外之音等，与作品有千丝万缕的联系，却又不是存在于作品本身的东西，这也是影视心理学研究深入挖掘的领域。

从审美场理论中，秦俊香得到了一些结论：艺术不单是指作者构思或表现的形象，也不单是指艺术作品本身，而是围绕现实、作者、作品、观众，以及四要素之间的相互关系而组成的动态的、整体的、活跃着艺术生命的审美交流场。立足于这种全方位的、动态的、场景的研究，对艺术的研究才能是科学的、全面的、系统的。这些观点正是勒温场论思想在审美心理学中的具体体现。在书中，秦俊香还尝试利用她发展的审美场景图式理论，对张艺谋导演的电影《我的父亲母亲》进行全了方位的分析，有兴趣的读者可以从书中获得更多有价值的信息。

5. 婚姻冲突与解决

勒温的小团体研究、T 小组运动及其对社会与组织变革的影响已经广为人知，而在婚姻家庭治疗领域中，他也是最早的研究者之一，他的研究有助于我们理解婚姻的心理学定义，以及婚姻质量提升计划的制订，他提出的概念也有助于治疗家庭问题，形成治疗方案。勒温早在1940就写下了"婚姻冲突的背景"一文，其后也有研究者对此作了进一步探讨。

勒温对婚姻心理的场论研究

勒温把婚姻看作一个小团体，因而婚姻问题涉及了个体与团体的关系、团体与团体的关系。

社会团体是生活空间的最基本决定因素

个体通常是许多相互交叠的团体的成员（图102），而一个小团体又可能是另一个大团体的一部分（图103）。反过来，团体是一个人的立足点，决定了他的决断、立场和其他行为，如倾向于斗争还是顺从等。如果他的归属不清楚，他的生活空间就没有稳定的基础。团体对个体来说还是一种工具，意味着个体有某种特权和资源。团体的兴衰荣辱，也和个体的命运紧密相连。团体是个体的生活空间，个体会努力获取并维护他在其中地位和自由空间。

团体有团体的目标和对个体的需要，而个体也要求有

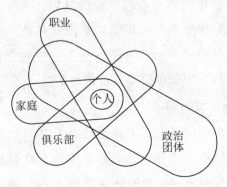

图102　一个人是众多相互交叠团体的成员

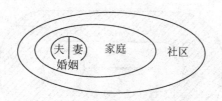

图 103   婚姻团体包括在更大的团

自己的自由空间。个体如何适应团体的需要，取决于团体的性质、个体的地位和个性。

婚姻团体的特殊性

作为一个团体，婚姻有自己的结构、目标及其与其他团体的关系。婚姻的实质不在于相似不相似，而在于它的相互依赖及动力的整体性：一方改变状态的同时，也会改变另一方的状态。相互依赖的强度从一盘散沙到紧密团结各不相同。在特定文化、国家、种族、职业或阶层中，婚姻各有特点，但仍有一些共同性。

（1）婚姻是个小团体，只包括两个成人，或者再包括几个孩子，其中任何一个人的每一举动，都会深刻地影响其他成员，因此相互依赖性非常强。

（2）触及个人的核心区域，包括价值观、幻想、社会经济状况等重要问题，实际上也是整个人的物理与社会存在。

（3）成员间具有最近的社会距离，即亲密关系。打算结婚就意味着渴望一种最小的社会距离，愿意分享相当私密的活动，包括身体的亲近等。因此，婚姻是一个整合最紧密的社会单位。

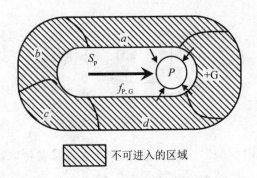

不可进入的区域

图 104　在挫折或狭窄自由运动空间中的张力

注：a，b，c，d 是不可进入的区域。fP，G 是作用于 P 朝向 G 的力。

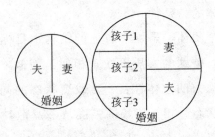

图 105　婚姻与家庭结构

婚姻冲突的原因

是否产生冲突，很大程度上取决于张力水平，或社会气氛，张力产生的原因大致有以下几条：

（1）个人欲望和需要，尤其是基本需要，比如性或安全，如果处于饥渴状态，就意味着存在高度的张力。婚姻中的需要具有多样性和矛盾性，比如丈夫可能期望妻子同时作为情人、同志、主妇、母亲、贤内助等，而妻子则希望丈夫同时是情人、朋友、父亲，还要挣钱养家、收拾家务。各种角色的平衡并不容易，一个做不好就可能满足不了对方的某一重要需求，从而产生很高的张力。另外，需要的过度满足也会产生厌腻。需要是否容易满足，与人格差异有关，在性需要上尤其如此。安全需要，包括经济上和相互忠诚，也是影响婚姻幸福的重要因素。如果这些基本需要不能得到平衡，就很难维持婚姻的完整。

（2）个人自由运动空间的大小。空间过小，会导致张力升高，比如在专制气氛中，张力非常高，就会出现漠然或攻击行为。婚姻中允许多少私密空间，取决于个体的性格和双方对婚姻在各自生活空间中的意义的认识，比如把婚姻看作一种助益或障碍。对婚姻看法不同的人，对家庭生活和外部活动分配的时间也有所不同。

（3）在已经产生张力或冲突时，个体一般会产生离开不愉快情境的倾向，但如果存在外部障碍或内在约束，就会使张力升高。

（4）冲突取决于成员目标之间的矛盾程度，以及相互间是否愿意考虑对方看法。

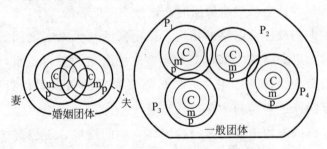

图106　不同团体成员间的不同亲密程度
c为个人的核心层，m为媒介层，p为外围层，P_1—P_4为表面联系的个人。

婚姻中的每个人对不符合自己需要的任何东西都很敏感，如果用各个层次的交叠来表示共享的情境，婚姻团体与非婚姻团体的差别就可由图107表示。非婚姻团体的个体更容易找到自由空间，而婚姻团体则易导致深层和情绪

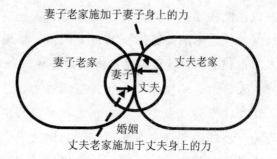

妻子老家施加于妻子身上的力

妻子老家   丈夫老家

妻子 丈夫

婚姻

丈夫老家施加于丈夫身上的力

图 107   婚姻团体的个体独立性与交叠性

化的冲突。

交叠的团体

在小家庭外，夫妻一般属于各自不同的团体，这些团体的目标和观念可能就存在冲突，对这些团体的忠诚有时也会造成冲突。在夫妻属于不同种族或宗教团体，或者相差悬殊的社会或经济阶层时，这种冲突更容易产生。

人们最经常面临的情况，是小家庭与大家庭之间的问题。如果夫妻双方都把当前小家庭的凝聚力看得更重，问题就会少很多。如果一方把与原来家庭的关系看得更重，夫妻间就更容易起冲突。

第三人的出现是另一种团体交叠的情境，常引起妒忌情绪。夫妻中任一方与第三人的亲密关系，不仅让另一方感到失去了另一半，而且感到自己的隐私生活被公开了。这种情况下，双方所体验到的生活空间是不同的，理解这一点非常重要。丈夫的生活空间可以用图 108（a）表示，他与第三个人的朋友关系可能来自于生意伙伴，虽然可能对他个人很重要，但仍保持在生意关系区域，至少也不在其婚姻区域内。对他来说，他的婚姻生活和这个人之间没

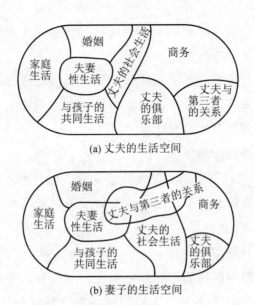

(a) 丈夫的生活空间

(b) 妻子的生活空间

图 108 同一事件在夫妻生活空间中有不同意义

有相互干扰。但同一情境对妻子来说可能完全不同了。在她的生活空间中，如图 108（b）所示，丈夫完全被包含在婚姻关系中，任何朋友或亲密关系都会深刻影响到婚姻区域。丈夫的朋友对于妻子来说，显然是婚姻领域的侵入者。

冲突的解决

冲突的解决完全取决于具体的婚姻以及冲突对于该婚姻的意义。但有一点值得一提，冲突的频繁和严重程度主要取决于婚姻的气氛。结婚就意味着要放弃一些自由，可以是因认为婚姻牺牲自己的自由而产生挫折感，也可以把婚姻作为自己生活的一部分，这样配偶的目标也就是自己的目标，这时结婚也就不叫作牺牲了，自由的限制也就有了意义。实际上，成为任何团体的一员，都意味着要失去一部分自由，遵从团体规则，既可以看成是被迫，也可以认为是主动。前者多是专制气氛的产物，而后者则与民主气氛有关。愿意照顾到别人的看法和目标，并理性地讨论个人问题，就能较快解决冲突。

勒温对婚姻心理的场论分析是具有启发意义的。肯·尤达斯后来将这种分析进行了拓展，应用于职业间合作及社会组织间整合的研究指导①。

婚姻增进与治疗

1986 年，格申菲尔德（M. K. Gershenfeld）在勒温婚姻心理研究的基础上，进一步提出了婚姻增进与治疗的具体建议和方法。

美满婚姻增进计划

勒温曾举例说明了婚姻中民主的重要性，并指出了在婚姻中学习的重要性。人们知道在专制情境中如何生活，但在民主情况下怎么做，却需要学习，婚姻中也是如此。"婚姻增进计划"就是以团体形式，为夫妻们提供一种实验情境，观察自己和他人，学习认识自己和他人的好恶、价值观和观念。通过学习，他们将获得一种婚姻的"我们感"，以及一种有别于其他夫妻的感觉，还将学到一些技能，比如表达自己的感情和价值观，澄清自己的决策风格，联系人际交往技能等。下面是一个增进计划的例子（名为"期望"）：

下列练习中，每人手头有一张表"我自己、我配偶和我家对我的期望"（表）：

---

① Ken Udas. Lewin′s Conflict in Marriage Revisited and Expanded: Implications for Interprofessional Social Service Collaboratives. Systems Practice，1997，10（5）：509～532

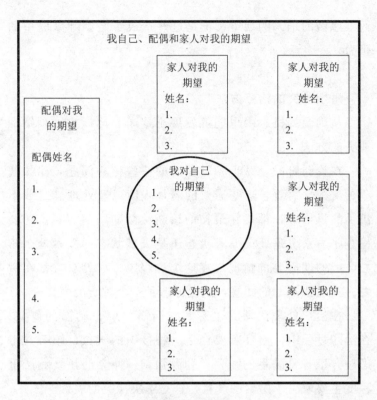

我自己、配偶和家人对我的期望

配偶对我
的期望

配偶姓名

1.

2.

3.

4.

5.

家人对我的
期望
姓名：
1.
2.
3.

我对自己
的期望
1.
2.
3.
4.
5.

家人对我的
期望
姓名：
1.
2.
3.

家人对我的
期望
姓名：
1.
2.
3.

家人对我的
期望
姓名：
1.
2.
3.

家人对我的
期望
姓名：
1.
2.
3.

图 109　期望表

　　指导参与者用简练的词语填写，填完后；如果你能够接受某一期望，就画一条线指向自己的圆圈；如果不接受，就用删除线画掉它。每个期望都画一遍。

　　然后，一对夫妻和另外两个人组成小组。检查自己的表格，分析你和表中的谁关系最好，为什么；和谁最难相处，为什么。最后，选择一个人，思考怎么应对他的期望中你不愿做的、不想满足他的那些。小组中轮流分析，其他两人做咨询。

　　这种讨论可以由夫妻双方在家里继续做，也可以由团体继续做，并相互咨询。咨询就是帮其他夫妻处理那些他们不愿做的别人的期望，正是这些造成了婚姻和家庭中的张力。

婚姻冲突的治疗方法

从勒温的概念中也能够发展出诊断、治疗和干预婚姻冲突的方法。

在诊断阶段，对于勒温提出的一些核心问题，比如期望、支配性需要、这些需要的满足程度以及处理满足或不满足的风格等，都要在最初的诊断性会面中问清楚。还要检查张力系统是处在饥渴状态还是厌腻状态，探索处于核心区域的性需要的情况。在这个过程中，夫妻双方都在听对方对这些问题的回答，这便创造了一个倾听的气氛。

在治疗处理阶段，也有些东西需要取自勒温的研究。在治疗过程中，治疗者要创造一种接纳的气氛，倾听并考虑对方也有要满足的需要。勒温强调，冲突的频繁和严重程度主要取决于婚姻的气氛，这是解决冲突的关键。

另一种治疗方法是教给参与者一种模型，就像"关系促进治疗"中那样的相互谈论，包括三种方式：听、说、听说交替。这里并非侧重于解决问题，而是让夫妻们表达他们的需要，并学习如何理解配偶，达到相互理解。这一模式实际上就源自勒温。

第三种治疗方式，来自勒温对夫妻冲突的解决方法。夫妇们作为咨询者，要讨论的东西或许就是对他们初次访谈时问题的回答。然后进行力场分析，综合起来提出解决问题的方法。

夫妇们也可以自己组织，一般是三对夫妻组成一个小组，其中一对提出要解决的困难，一对做咨询者，另一对观察并参与讨论。

婚姻冲突的干预时间

何时进行干预最有助于婚姻的美满？按照勒温的理论，在夫妻认识后，处理婚姻问题的方法就开始建立，要改变已经建立的方法，会越来越难。因此，在婚后不久，当他们体验到一个真正的团体时，就应该进行干预。

总之，勒温关于婚姻的一些概念，有助于我们系统地理解婚姻问题，而且有助于发展一些夫妻教育计划、诊断方法和治疗策略，甚至也明确了冲突干预的最佳时机。勒温的这些见解，对我们今天理解并解决婚姻问题仍有帮助。

第六章　勒温心理学评介

　　本章将对勒温本人及其开创的心理学体系和传统作出总结性评价，主要分为四部分内容，包括对他的人格特点及学术风格的认识、对他的学术水平与具体观点的不同见解、对他的学术贡献与影响力的主观评价与客观分析以及对他自己建立的一些机构和后人建立的机构的简要介绍，最后是一个简要总结。

　　1. 人格与学术风格

　　从童年起，勒温接受的就是德国式教育，在他身上可以看到明显的德国人气质：工作严肃认真，为人热情诚恳。后来他因专制政权迫害而移居美国，民主作风得以尽情展现。他平易近人，即使是批评，也能让人不受伤害。他很关心别人的问题，对于别人的求助，他从不吝惜自己的精力和时间。他的女儿，美国著名社会心理学家梅莉姆·勒温（Miriam Lewin）对父亲的印象是：幽默、热情、坦率、单纯。麦戈雷在其"格式塔心理学在美国"一文中，对勒温也有类似的评语："在我熟知的人中，很少有这么一个对周围一切事物都如此生机勃勃的人，或如此亲切和友好的人。"①

　　────────────

　　① 申荷永. 充满张力的生活空间——勒温的动力心理学. 武汉：湖北教育出版社，1999：23

勒温对心理学的研究，有着一种特有的执著，他以各种不同的方式来进行研究，将研究对象放在不同的位置进行研究，从里到外，从上到下，从左到右或……而且研究的难度越大，对他的吸引力也就越大，他也就会在这样的研究中感到更大的乐趣。马洛觉得，有一个词比任何其他词语都更适合于形容勒温，那就是"好玩"①。

勒温一直有着庞大的工作计划，突然离世前，他除了负责密歇根大学团体动力学研究中心的工作之外，还负责与主持纽约"人际关系研究委员会"的研究工作。他生命的最后一天，也是在繁忙的工作中度过的。由于第二天是公假日，下午接近下班的时候，只有勒温和赫恩仍然在中心工作。勒温也已经定好了第二天的机票，为了团体动力学研究中心的一些研究成果，他需要前

图110 马洛

注：勒温的学生，1964 年勒温奖得主，1969 年出版《实践的理论家：勒温的生活与工作》

往纽约与有关出版方面会谈。就在出发前夕，他心脏病突发，永远离开了他心爱的工作。勒温的同事认为他是疲劳过度，在他去世前的一段时间，他的工作量越来越大，几乎要同时面对十件事。他的一生，是不断面临"未完成事件"的一生，也因此是充满创造的一生。他以自己的行动，为他的动力理论——"心理张力系统"，做出了最好的诠释。

---

① Marrow A. The practical theorist：the life and work of Kurt Lewin. New York：BDR Learning Products, 1984：290

马洛总结了勒温的三个伟大之处：对合作研究的全身心投入、理论与实践的紧密联系、科学与公民生活的整合[1]。

有一个例子可以说明他对合作研究的热情。他不管到哪里，都能很快吸引一群志同道合的同事，经常聚集起来进行热烈而民主的讨论。他们曾有一个被学生戏称为"吹牛俱乐部"（the Hot-Air club）的非正式论坛，在那里他们可以无拘无束地产生和讨论自己的研究设想。勒温的民主催化着参与者的创意、热情，这种热情总是相互激荡着。利皮特回忆说，那年他还是研究生，当他提到不同领导型态的点子时，勒温马上放下他手上其他的研究计划，一起将这个小火星继续拨亮，从而形成了后来的领导结构研究。

图 111 卡特莱特

还有一个例子可以看到他的热情对青年学生的吸引力。1935年，卡特莱特希望跟德国格式塔心理学家科勒学习，后来科勒说服卡特莱特继续去哈佛大学念研究生。在哈佛念了一年后，卡特莱特非常失望。科勒又建议他暑假期间去爱荷华大学见勒温。那个暑假他参与了勒温的研究团队，即所谓"吹牛俱乐部"，这重燃了他对研究的热情，之后他再回到哈佛，但仍以勒温为指导教授，完成他的论文。

许多勒温的学生，后来在他们学校里，也都继承该传

---

① Marrow A. The practical theorist: the life and work of Kurt Lewin. New York: BDR Learning Products, 1984: 234.

统，以创造出团体对话空间。如费斯廷格在斯坦福大学，沙赫特在明尼苏达大学等都有固定的非正式团体聚会的习惯。

勒温不仅全身心投入科学研究，还力图把科研和实践结合起来，把实践和公民生活结合起来。他相信，一个理想的科学家，必须把他的公民生活和科学研究整合起来，他的行动也充分说明了这一点。

图 112　手持白鼠陷入思考的津巴多

注：斯坦福大学教授，曾主持著名的斯坦福监狱实验，后被拍成电影《死亡实验》

勒温在他生命的最后十余年里，正是要建立一种可以解决有关的社会问题，造福于人类社会的科学心理学。这种追求，集中体现在他的《解决社会冲突》和《社会科学中的场论》最后两本书中。《解决社会冲突》是在勒温去世后出版的，实际上是他的学生卡特莱特编辑的一本论文集。在这些论文中，勒温分析了德国与美国民族心理的异同及其结果，从儿童成长等角度关注了"文化建设"问题，讨论了"婚姻冲突的背景"，研究了"如何提高工厂的士气"等一系列的问题。这一系列文章，体现的是勒温对社会问题的一种热情，这种热情一直影响了他的徒子徒孙们。津巴多（Zimbardo）就曾受此影响而转移了他研究生涯的重心，这是因为有一段往事曾经对他产生过极大的震撼，也经常为他所津津乐道。

我到底关心什么

当时在耶鲁，我正在跟着一位学者进行一系列有关老鼠的实验。

后来这位学者自杀了，我就继续她的案子，虽然我不是很喜欢这个案子。

有一天，当我在分析资料时，库恩（Bob Cohen）问我正在忙什么，我兴奋地说着我的一项新发现：公老鼠性行为如何受到咖啡因和氯丙嗪影响。

没想到，库恩问我说："你能不能看看窗外，告诉我你看到了什么？"

我不知道他是什么意思，回答他："我没看到任何东西啊！"

他又再重复他的问题，我终于看到了，我说："有一些人！"

他又接着说："那他们在做什么？"

于是，我开始描述那些人在做什么。

库恩听完说："你不觉得，去了解他们在做什么比去了解老鼠在做什么更为有趣吗？你真的这么关心老鼠吗？"

我先是被震了一下，接下来我一直在想他的话。我告诉自己，他是对的，我原先就是对人有兴趣的。

于是我就不再提那个老鼠的研究计划了。①

---

① 刘惠琴. 社会心理学中的热情传承. 应用心理研究，2006，31：141～155.

2. 学术观点与评论

对勒温学术观点，曾存在一些批评。比如 1970 年霍尔和材泽对他提出了四个主要方面的批评：①勒温的拓扑和向量表示法并未如他们所设想的那样揭示出有关行为的新的奥秘；②心理学不能忽视对客观环境的研究；③勒温没有考虑到个体过去的历史；④勒温滥用物理和数学概念。

对此，萨哈金（W. S. Sahakian，1922—1986）认为，这种缺乏深度的批评很容易把人们引入歧途，比如第一点，指责勒温没有发现任何新的事实。对于心理科学来说，一项新的贡献并不一定是一种新型的资料。新方法的提出足以促进这门科学的发展，勒温自己就说过：人们通常认为那种仅能解释已知事实的理论没有多大价值，我不同意这种观点。特别是如果这种理论能将以前要用几种独立的理论才能解释的已知事实联结成一个逻辑体系，则其优越之处就如组织手段那样肯定无疑了。不过，有价值的理论不应只满足于协调已知资料，还要能产生可验证的假设，用后现代主义的话来说，就是要具有可证伪性。仅就勒温短短 30 年学术生涯来说，无论他的想象力如何丰富、精力多么旺盛，都无法把他那宏大的想法一一实现，他的许多理论也都只具有某些方面的价值。

第二点称勒温放弃了对客观环境的研究，事实上勒温为不使心理学成为一门浅薄的物理学而做了大量的工作。生活空间内任何方面的客观环境都是心理学研究的基本范围，正是勒温让心理学联系社会实际，从而真正研究人的现象世界。现有所谓客观心理学反倒常常误入歧途。

对于滥用物理学和数学概念的批评，萨哈金认为，正当的引用是必要的，至于其引用是否有效，可以从其解释问题的效率、运算方便性及实用性中得到证明，这正是勒温引用其他学科概念的用意所在。

批评者认为勒温不考虑个体过去的历史，实际上他并未忽略个体的历史因素。勒温对此早有解释：

人们总是错误地认为场论学者们对历史问题或以前经验的影响不感兴趣，这实在是一种很大的误解。事实上，场论学者对发展性的和历史性的问题很感兴趣，并理所当然地做了他们应该做的工作。有人通过经典的反应时实验来扩大心理实验的时间范围，反应时只是几秒钟的事，实验情境则包含着以小时或以星期计算的经过系统设计的历史。

勒温团体内部也有批评的声音，但态度和措辞自然是温和而充满理解的，比如他的学生卡特赖特曾抱怨道：

作为一个勒温场论的批评家来说，对于勒温专注于动力学和个体发育发展但又未能发现更丰富更详细的发展变化规律这一点会感到特别有兴趣。有些人倾向于把这个事实归因于他坚持同时性原则，他的动力学总是涉及一个比较小的时间差异。但我倾向于相信，要系统阐述那些规律，特别是必须构想出组成人的完整的因果系统，包括心理环境、感觉中枢与运动中枢以及生活空间的异质外壳等，其困难是可想而知的。

可能正是这种一时无法克服的困难，导致勒温只能转向对事物进行更广泛的分析。这可以表现在后期他的研究中，如"心理学与心理生态学的构成"（1944年）以及"群体动力学的新领域"（1947年）等。

勒温一生只写过两本书，一是《拓扑心理学原理》

（1936）；二是《心理力的概念表征与测量》（1938），其余均是论文集。刚到美国时，头两年他还是临时聘用的研究人员，后来到爱荷华大学，再到麻省理工学院，他都不是终身教授。甚至在勒温的有生之年，他对心理学的巨大影响都没有被美国心理学会官方认可。

直到1947年勒温去世后，美国"社会问题心理学研究会"设立了每年一次的"勒温奖"，以鼓励那些在社会心理学研究中卓有成效的学者，这是官方首次承认勒温的普遍影响。著名心理学家托尔曼和奥尔波特分别获取了1948年和1950年的"勒温奖"，以后G. 墨菲（1953）、玛格丽特·米德（1954）、卡特莱待（1958）、海德（1959）、纽科姆（1962）和多依奇（1968）等也都先后获奖。就在首届"勒温奖"颁布会上，三位杰出的心理学家应邀先后致词纪念勒温。

奥尔波特的发言题目是《库尔特·勒温的天才》，后发表在美国《人格杂志》1947年第16卷上。他在发言中说："伟大似乎总是要引起争议，在心理学中，当代最有争议的人物是弗洛伊德，他有着无与伦比的创见。在弗洛伊德之后，我们会想到麦独孤和勒温，两人都是影响深远的体系创建者，因此也都是富有争议的。"

马洛在其发言中，对勒温的民主生活风格、内在的合作精神、把理论和实验以及实践进行有效结合的实验家的气魄、对于生活和社会的责任感、对于生活问题的关注以及通过研究来促进问题解决的努力，都给予了高度的评价。

美国著名心理学家托尔曼（E. C. Tolman）的评价更为广泛，它追溯了勒温整个思想的发展，发表在美国《心理学评论》1948年第55卷上。他在纪念文章中写道："只有勒温所具有的天才和勇气，才敢于用精确、可控的实验来研究群体心理现象，他与他的学生为心理学的研究开辟了这一全新的领域，永远值得人们称赞……在心理学历史上，有两个人的名字必将列于众人之前，那就是临床心理学家弗洛伊德和实验心理学家勒温。他们的见解对照鲜明，却又相互补充，最先把心理学改造成为用于真实人类社会的一门科学①。"

以上都是纪念性评价，难免有溢美之词。事实上，正是由于勒温在学术研究和民主活动上的活跃，导致他不能全力以赴投入到他发起的研究活动中去，而是授权他的学生或同事去完成，研究成果出来时，他也顺理成章成为胜利果实的分享者。

作为勒温的学生，多伊奇还是给出了比较中肯的评价：勒温是一位发明家，他由于多方面的贡献给人们留下了深刻的印象。不过，就像许多开路先锋那样，他所开出的路还只是一个毛坯，还有许多未竟之业有待后人去完成②。也许，勒温的更大贡献并不在于他本人的成就，而在于他能够吸引一大批志同道合的研究者，形成一个勒温传统，并传承至今、日益兴盛。

3. 学术贡献与影响

对于勒温的学术贡献与影响力，随着时间的发展，越来越取得统一而客观的认识。勒温和他的研究团体，使得

---

① Tolman E. C. Kurt Lewin. The Psychological Review，1948，55：1～4.

② Deutsch M. Field Theory in Social Psychology. In：G. Lindzey (Ed). The Handbook of Social Psychology，1968：219.

当时美国的社会心理学、实验心理学和发展心理学等，都产生了深刻的变化，对当时的美国心理学产生了极为深远的影响。对此，玛格丽特·米德评价说："勒温和他的团体，代表了整个美国的心理学，代表了整个美国社会科学的生机。"

对勒温学术贡献的总结

多伊奇认为，作为一位理论家，勒温具有非凡的创造力，但也有美中不足之处：

我们不能说场论作为一种专门的心理学理论具有很高的流动性和有效性。任何一位自负的心理学家都感到自己的理论不再太时兴。我们也不能说勒温的理论、他的理论架构以及动力学概念等现在已成为社会心理学研究的中心。相反，他的影响反映在他为心理学指出的大方向上。也正是在这方面他给他的学生和同事们留下了深刻的印象①。

但随后，他又通过赞扬勒温的以下方面，提高了对他的评价：①对社会心理现象的实验研究；②提倡科学家要具备社会道德感；③为使人类更好地生存而努力工作；④好的理论不仅有利于社会活动，而且具有科学功利主义价值；⑤根据其内在关系来研究心理事件。

1991年，萨哈金总结了对勒温的评价，认为勒温对心理学的贡献包括以下几个方面：

（1）创造了一种社会心理学研究的新方法，即场论；

（2）第一次对人的行为进行了多维的精神分析；

---

① Deutsch M. Field Theory in Social Psychology. In G. Lindzey (Ed) The Handbook of Social Psychology, 1968: 478.

（3）用拓扑和向量表示法来阐述概念，介绍引入有价值的新的概念。

总的来说，勒温提出的概念包括：

（1）与生活空间和心理环境有关的概念（区域、移动、认知结构、路径、动力、力场、力的冲突）；

图 113　凯瑟琳·麦凯恩
图片采自：http：//
www. ischool. drexel. edu/
faculty/kmccain

（2）有关人与环境的概念（张力、诱发力、动力）；

（3）关于社会关系的概念（群体成员与社会权力）；

（4）那些通过人们的理解而派生出来的概念，如替代、蔡加利克效应、抱负水平、挫折、满意、社会知觉、价值、决策、权威、社会影响、合作以及竞争等①。

勒温对现代社会心理学的影响是极为广泛的，但这种影响的深度如何，它还会继续存在下去吗？这就需要用数据来说了。

勒温影响力的"共引"分析

所谓"共引（cocitation）"，就是两篇文献同时被其他文献引用。一般认为同被引用的文献在主题上具有或多或少的相似性。共引分析（ocitation analysis）就是以此为原理，将一批文献或著者、期刊作为分析对象，把众多分析对象之间错综复杂的共引网状关系简化为数目相对较少的

若干类群之间的关系，并直观地表示出来的过程①。

凯瑟琳·麦凯恩（K. W. McCain）曾在其博士论文中，利用"作者共引背景分析"（author cocitation context analysis，ACCA），对代表勒温传统的两个杂志的知识结构进行了探索②。数据来自 1972～2001 年的《社会问题杂志》和《人群关系杂志》，两本杂志都是沿承勒温传统的专家主办的。分析方法包括聚类分析、多维尺度（multidimensional scaling）、主成分分析和路径搜寻网路分析（Pathfinder network analysis），这些方法可以给出一个以勒温为中心的地图，显示各专业的主题范围，以及勒温对这些专业的重要影响。聚类分析的结果（如图 117）所示。

先前有人认为，从时间上看，前几十年的关于勒温的文章，大多是"实质性"（substantive）的，而近些年多是"标识性"或"图腾性"（totemic）的，因而认为，勒温在当代的角色，主要是一个元理论家，或是一个"开创者"，而非为我们提供具体的发现或方法的研究者。麦凯恩通过对两个杂志引文数据的分析，发现事实并非如此：勒温的研究仍在以"实质性"方式被广泛使用，而且近来引用的越来越多。

根据作者的分析，勒温的作品在 ISI 索引中，在 1972～2001 年间曾被引用约 6000 次，其中提到"勒温式的"（Lewinian）这一新造词的就有 215 条记录。勒温作品被两

---

① 赵党志. 共引分析——研究学科及其文献结构和特点的一种有效方法. 情报杂志，1993（5）.

② Linda Sheetz Marion. Of tribes and totems：Author cocitation context analysis of Kurt. Lewin's influence in social science journals. PhD dissertation. Drexel University，2004.

个杂志引用状况的数据显示，勒温仍然是这两本杂志引用率最高的作者，因而勒温作品仍是其理论和方法上的重要来源。但具体应用出现了一些变化，比如，小团体研究和团体动力学已经从社会心理学转向了组织研究，T 小组不再流行但抵制偏见和歧视的训练项目仍然受到重视。

4. 研究机构与活动

社会问题心理学研究会（SPSSI）

社会问题心理学研究会，其前身为 1935 年成立的社会问题心理研究小组（the Social Psychological Study of Social Issues）。其创建者克兰奇（David Krench）和勒温一样，也是一位犹太社会心理学者，同样在学院谋职上一直不太顺利。他组建该机构，是想为一些年轻学者们创造一个自由发言的场所，宗旨在于让一些有争议的议题得以继续探讨，并且使一些激进的行动有获得支持的机会，以确保人类价值的创造与保存。但没想到却吸引来众多的资深前辈，如墨菲（Murphy）、（Newcomb）、（Allport）、（Sherif），其中也包括勒温，他还于 1941—1943 年间曾任该会主席。经过勒温的努力，该机构联合了其他一些自由组织，合并成为美国心理学会的第 9 分会，后来成为联合国的常设咨询机构，负责提供国际事务相关的心理学问题，以及社会和文化心理学等问题的咨询服务。现在该会大约有几千名成员，遍布世界各地。SPSSI 大会每个偶数年召开一次，为重大社会问题提供一个学术信息的平台；在奇数年伴随美国心理学大会召开，讨论组织事务。近几年的议题如下：

2000 年：21 世纪的社会问题：设定日程；

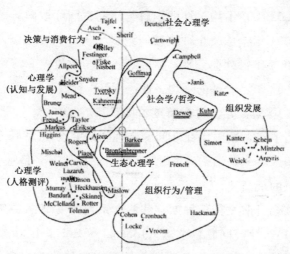

1972—1986年共引勒温的作者的多维尺度分析图

1987—2001年共引勒温的作者的多维尺度分析图

图114 共引分析的聚类结果

注：图中英文名字是受勒温思想影响的心理学家，中文为这些心理学家所在的领域。

图片采自：Linda Sheetz Marion（2004）. Of tribes and totems：Author cocitation context analysis of Kurt. Lewin's influence in social science journals. PhD dissertation. Drexel University.

2002 年：不均一性的理解与研究：国际取向；

2004 年：从废止种族歧视到多元化；

2006 年：社会公平：研究、行动与政策；

2008 年：全球的不均一性：环境、种族、阶层与性别；

2010 年：大会将在新奥尔良召开。

为了纪念勒温，社会问题心理学研究会从 1948 年起设立"库尔特·勒温奖"，一直延续到现在。该奖是社会心理学领域的最高奖。

该会目前发行三种期刊和两个系列的书籍：

(1)《社会问题》杂志（Journal of Social Issues）是该会最早的发行物，一直发挥着社会实践的特色，这就是勒温一直提醒的：没有研究就不行动、没有行动就不研究（no action without research；noresearch without action）。

(2)《社会问题与公共政策分析》，创刊于 2001 年；

(3)《社会问题和社会政策评论》，创刊于 2007 年；

(4)《社会问题与社会干预》系列，2008 年发行；

(5)《当代社会问题》系列，2008 年发行；

此外，该会每年还出版一些教科书和时事通讯等。

社区关系委员会（CCI）

1944 年，勒温在美国犹太人大会的支持下，组建了社区关系委员会（the Commission on Community Interrelations；CCI）。这是他向美国犹太议员们募款成立的一个组织，旨在减少团体间的紧张与偏见。

刚开始时，勒温是作为总顾问，后来勒温招来库克（Stuart Cook）做研究主任（1949—1952）、哈丁（John Harding）做副主任。其顾问团包括奥尔波特、库恩、利克特、米德、托尔曼等。随后几年又不断纳入新的心理学家。CCI 采用的技术非常有效，人们对行动研究的热情与日俱增，被称赞为走出了象牙塔，就在人民日常生活、工作、游戏的场所，就在冲突和张力发展的地方进行工作。

许多投入 CCI 的人都致力于解决社会问题，他们的研究报告中经常提及一些普通市民，他们在训练后将成为社区的专家和骨干。古德温·华生是后来加入的一位心理学家，他在回顾 CCI 举办的社团研究时说：自我指导和共同发现事实，对于加强民主来说，具有很大的社会力量，甚至比原子能的发现更有力。

勒温在 CCI 取得了很多收获，行动研究、敏感性训练和 T 小组都是在这一组织的活动中发展起来的。从 1946 年到 1950 年，这个委员会就承接了 55 个研究案子，可说是 Lewin 最为满意的"行动"。CCI 的成绩获得了众多社会科学家的重视，也得到了 SPSSI 嘉奖。

团体动力学研究中心

1944 年，勒温受麦格雷戈（Douglas McGregor，1906—1964）邀请，来到麻省理工学院，创立了团体动力学研究中心（the Research Center for Group Dynamics），他有三个目标：①发展一种对团体功能的科学理解；②弥合在社会科学知识与实践之间的鸿沟；③建立社会心

图 115　NTL 夏季总部贝瑟尔
图片采自：http：//www. bethelinn. com/
historyoftheinn index. html

理学博士培养体系。和勒温一起工作的人，简直组成了一个名人录：费斯廷格、多依奇、利皮特、沙赫特（Stanley Schachter）、贝克（Kurt Back）、凯利（Harold Kelley）、廷包特（John Thibau）等。在勒温去世后，该中心迁到了密歇根大学，与利克特调研中心（Likert's Survey Research Cente）合并为社会研究院（the Institute for Social Research）。

国家训练实验室（NTL）

1946 年，应美国海军研究办公室和全美教育协会邀请，勒温在 T 小组（敏感训练）基础上，在纽约建立了美国国家训练实验室，又称"人际关系训练实验室"，现在更名为国家训练实验室应用行为科学研究所（NTL Institute of Applied Behavioral Sciences），主要负责提供团体动力学、组织变革和社会变革的理论和实际操作的训练。

图 116　学习金字塔

图片采自：http://gacwl111.eduol.cn/archives/2009/749931.html

NTL 的理论基础是勒温的一些发现：通过训练小组

（T 小组）的团体对话，能够增强对自我和他人知觉的敏感性，而且主要是通过体验获得的，而不是通过听讲座或阅读。这一形式在诊断性学习、评估，尤其是行为改变上非常有力。这正是 NTL 学习体验的理论基础。

NTL 现在已有 60 多年的成功历史，其初次成功至今仍为人们津津乐道：勒温相信，如果一个人远离他熟悉的家庭环境，行为变化就更容易发生。1947 年，他选择了美国东北部缅因州的贝瑟尔（Bethel）作为"文化岛屿"，并作为首届 NTL 体验式人群关系大会的地点，结果大获全胜。新方法的巨大潜力，把一些当时最闪亮的社会心理学家吸引到了 NTL，其中包括 Paul Sheats、R. Freed Bales、多依奇、Kurt Back、Henry Reicken 及 Stanley Schacter等。首次成功也吸引了卡内基财团的大力资助以及许多大学的资助，此后规模不断扩大，开始为各种工商企事业部门及社团组织服务，并增设了许多特殊实验室，比如工业、宗教和社团领导等。

1965 年，NTL 开始发行《应用行为科学杂志》（The Journal of Applied Behavioral Science），现已成为极富声望的刊物。1967 年，NTL 从全美教育协会独立出来，实现公司化运作。

学习金字塔

学习金字塔理论告诉我们：不同的学习方法达到的学习效果不同，研究表明在 24 小时之后，学生对知识的保留度，从 5％～90％不等。

用耳朵听讲授，知识保留 5％

用眼去阅读，知识保留 10％

视听结合，知识保留 20％

用演示的办法，知识保留 30％

分组讨论法，知识保留 50％

练习操作实践，知识保留 75％

向别人讲授相互教，快速使用，知识保留 90％ 。

由此可见，学习方法不同，学习效果大不一样，因此，教师要学会调整甚至改变教学方式，学生要努力转变学习方法，要由被动听转到主动学，要多种器官综合使用，要耳、眼、脑、口、手并用。在教学中，要大力提倡小组合作学习，小组成员间要相互讨论，如在班级组织小老师，开展"同学辅导同学"等活动，通过这样的方式，同学们在参与中掌握了知识，生成了能力，从而真正实现了从知识到能力的转化，更使学生们真正将老师传授的知识记得多，记得准，记得牢。

摘编自：http://gacwl111.eduol.cn/archives/2009/749931.html

1981 年，NTL 与 American University 大学合作，开设了组织发展硕士课程，培养高水平的组织发展从业人员和领导。2000 年，NTL 开始为商业、教育、政府及社会组织机构提供客户定制服务。2008 年，NTL 与渥太华大学合作，开始提供组织发展资质认证服务。

场论发展学会

勒温对心理学的影响，不仅是广泛的，而且是深远持久的。1984 年，在美国斯坦福大学，成立了"场论发展学会"。该学会每两年举行一次"国际场论发展研讨会"，我国心理学家申荷永曾应邀参加其 1988 年在美国举行的第 3

届研讨会，并在此后担任过该学会的国际执委。1994 年，该学会在美国密歇根大学举行第 6 届国际场论发展研讨会，同时也是为纪念勒温创办"团体动力学研究中心"50 周年。与会者来自世界 20 多个国家和地区，就勒温心理场论在当代的意义和影响，进行了广泛的讨论。勒温的学生，当代著名心理学家蔡加尼克、丹波、卡特莱特、阿尔文·赞德、阿隆森、多伊奇等人也都参加了这次盛会。他们作为当代杰出的心理学家，在他们自己的研究中，已经发展了勒温的思想，扩大了勒温的影响[①]。

库尔特·勒温研究院（KLI）

库尔特·勒温研究院（Kurt Lewin Institute，KLI）的前身成立于 1991 年，之所以以勒温的名字命名，是因为该研究院的核心主题是勒温提出的人群关系研究，以及勒温对基础和应用研究互补性的强调。1995 年，该研究院被荷兰皇家艺术和科学院（KNAW）作为社会心理学研究生院。此后它的发展极为迅速，研究项目覆盖整个社会心理学及其应用领域。

2005 年，来自荷兰的五所大学的心理学家共同充实了 KLI，使它成为一个联合培养研究生的研究机构，五所大学分别是：维旺迪环球大学阿姆斯特丹、阿姆斯特丹大学、荷兰格罗宁根大学、莱顿大学和乌得勒支大学。该机构关注的是影响社会行为的心理因素。

该研究院的总目标是激励社会心理学研究，并促进其

---

① 申荷永. 充满张力的生活空间——勒温的动力心理学. 武汉：湖北教育出版社，1999：23.

应用。为此，该研究院提供了一个为期 4 年的研究生教学和训练计划。来自五所大学的荷兰研究生，都在这里接受专业课和公共课的教育。

库尔特·勒温研究院每两年召开一次大会，为期两天，参与者主要是 KLI 的全体员工和博士生，会上颁发最优博士论文奖，获奖者有 1000 欧元的奖金。2008 年获奖者为波特夫列特（Marijn Poortvliet），其论文题目为："成就目标与人际行为：掌握与表现两种目标是如何改变信息交换的"。

库尔特·勒温心理学研究中心

库尔特·勒温心理学研究中心（The Kurt Lewin Center for Psychological Research），最初由参加 2004 年勒温国际会议的与会者发起成立，本次会议由卡兹密尔·威尔基大学组织，在勒温故乡摩尔吉诺附近的比得哥什举办。

图 117 库尔特·勒温心理学研究中心的学术活动
图片采自：http：//www.lewincenter.ukw.edu.pl/

研究中心就设立在该校心理学院，其宗旨就是发展勒温理论。成员来自欧美各国，包括不同学科的著名科学家，其中有些就是勒温的学生，他们现在仍然活跃在科学界，如莱特（Beatrice Wright）教授、帕皮同教授，许多是勒温学生的学生，如费斯廷格和卡特莱特的学生瑞文教授（Bertram Raven）、海德的学生斯哥弗拉格教授（Wolfgang Schoenpflug）、帕皮同的学生克莱纳（Robert Kleiner）、利皮特的学生施穆克教授、库宁的学生舍曼教授等等。他们都是心理学不同领域，尤其是人格和社会心理学领域的顶级科学家。该中心的荣誉会员是勒温的侄子：托马斯·勒温。

该中心的主要目标是：

收集并提供与勒温生平、学术有关的文档；

组织与勒温心理学有关的各种会议，每三年轮流在摩尔吉诺和比得哥什两地举办勒温心理学国际科学大会；

出版勒温及其后继者相关的学术研究结果；

在社会科学及其应用领域促进勒温创始的心理学；

推动把勒温心理学应用于解决当前社会生活实际问题的研究。

5. 结语

在行为主义大潮中，勒温另辟蹊径，不仅丰富和发展了格式塔理论，也创立了自成一体的勒温传统。通过拓扑学和向量学、场和生活空间等新概念的引进，他建立了自己的场论方法体系；通过实验方法探讨了报复水平、动机、意志、团体气氛等个体与团体的高级心理活动，开创了社会心理学的新篇章。

勒温的兴趣和贡献极为广泛，涉及科学哲学、社会、发展、人格、动机、认知和临床心理学、社会组织、社会问题和科学方法论等诸多领域。因此，他的影响也极为广

泛。由于他对心理学诸多领域的卓越贡献，后人给予了他很多荣誉称号，把他称为传播学四大先驱之一、拓扑心理学和向量心理学之父、心理场论的创始人、行动研究和变革理论之父、团体动力学之父以及现代社会心理学之父等等。

勒温对心理学的影响，不仅在于他的人格魅力的感召和学术风格的传承，也不仅在于已经融化到了社会心理学基础中的诸多概念，还在于他的场论思想仍在越来越广阔的领域发挥方法上的指导作用，更在于更多的勒温式的学者们不断为勒温传统增光添彩。

图118 《完全的社会科学家：勒温读本》

图片采自：www.books-by-isbn.com/

用国际场论发展学会主席克莱纳和麦奎尔（R. Kleiner, and F. Maguire）的话说，"勒温是个完整的心理学家——一个理论家，一个方法家，以及一个实践者①"。而马丁·戈尔德（Martin Gold）则以《完全的社会科学家：勒温读本》为书名，对勒温的思想做了系统的介绍。

生卒年表

1890-09-09	生于德国普鲁士省的摩尔吉诺
1910	开始在柏林接受正规心理学训练

---

① Kleiner R., Maguire F. Lewin's Sphere of Influence from Berlin. in: Stivers E., Wheelan S. (eds). The Lewin Legacy: Field Ttieory in Current Practice. New York: Springer-Verlag, 1986: 20.

世界著名心理学家 勒温

1914	第一次世界大战时参军服役四年
1916	从柏林大学获得博士学位
1917	与玛丽·兰德斯伯格结婚
1919	女儿艾格尼丝出生
1921—1933	在柏林大学教授哲学与心理学
1922	儿子弗里茨出生
1927	提升副教授
1929	与格楚德结婚； 发表"库尔特·勒温的方法：关于行动与效果的研究"
1931	女儿梅莉姆出生
1932	移民美国
1932	在斯坦福大学做访问教授
1933	儿子丹尼尔出生
1935	在爱荷华做教授
1935	出版《人格的动力理论》
1936	出版《拓扑心理学原理》
1938	出版《心理力的概念表征与测量》
1940	成为美国公民
1942	成为社会问题心理学研究会主席
1944	在麻省理工学院组建团体动力学研究中心
1944	成立社区关系委员会
1944—1947	任职麻省理工学院
1944	母亲在纳粹集中营遇害
1946	发表"犹太人教育的心理学问题"
1946	发表"团体动力学的新领域"
1947	出版《解决社会冲突》

1947	创立国家训练实验室
1948	《解决社会冲突——团体动力学文选》出版
1947-02-12	于麻省理工学院去世，享年 57 岁